**Stocker SLV**

☐ Ja, senden Sie mir kostenlos und unverbindlich Ihre **Prospekte** und/oder den **STOCKER-Newsletter.** Wir informieren Sie künftig kostenlos und unverbindlich über unsere Neuerscheinungen.

Name:

Beruf:

Straße:

Postleitzahl/Ort:

E-Mail:

Telefon:

**Stocker Verlag GmbH, Hofgasse 5, 8010 Graz, Österreich**
**Tel.: +43/316/82 16 36**
**Fax: +43/316/83 56 12**
E-Mail: stocker-verlag@stocker-verlag.com
Internet: www.stocker-verlag.com

Bitte frankieren!

# Leopold Stocker Verlag

Postfach 438
Hofgasse 5

8011 Graz

## Liebe Leserin, lieber Leser,

wir freuen uns über Ihr Interesse an unserer Verlagsarbeit. Gerne informieren wir Sie über Neuerscheinungen aus unseren Programmbereichen.

Diese Karte entnahm ich dem Buch:

Ihre Meinung zu diesem Buch:

Wie gefällt Ihnen unser Programm:

Welches Thema vermissen Sie?

Welche Vorschläge für Neuerscheinungen haben Sie für uns?

Auf dieses Buch wurde ich aufmerksam durch:

- [ ] Buchhandlung
- [ ] Buchhandelsprospekt
- [ ] Buchbesprechung
- [ ] Empfehlung
- [ ] Anzeige
- [ ] Inserat in: _____
- [ ] Verlagsprospekt
- [ ] Anderes: _____

Ihre Angaben helfen uns, unsere Bücher noch interessanter für Sie zu machen. Unter allen Einsendern verlosen wir jährlich 50 Buchtitel. Der Rechtsweg ist ausgeschlossen.

**Besuchen Sie uns auch im Internet: www.stocker-verlag.com**

Otto Henze
Johannes Gepp

# VOGELNISTKÄSTEN IN GARTEN & WALD

*Die Höhlenbrüter unter den Vögeln, Fledermäusen und de[n] staatenbildenden Insekten bevorzugen unterschiedliche Nistkastentypen.
Der wünschenswerte Mut zur Vielfalt setzt allerdings eigene[s] Fachwissen oder fachliche Beratung voraus
(Foto: J. Gepp).*

Bestimmungsbuch
für Nester & Gelege

Otto Henze
Johannes Gepp

# Vogelnistkästen in Garten & Wald

2. Auflage

Leopold Stocker Verlag
Graz – Stuttgart

*Abbildungen der Einbandvorderseite:* Die Blaumeise und ihre Jungen fühlen sich in einem geräumigen Holzbetonnistkasten mit drei lichtspendenden Einfluglöchern sichtlich wohl.

Siebenschläfer und Sperlingskauz leiden – wie alle Baumhöhlen bewohnenden Tierarten – unter dem Mangel an alten Bäumen mit Ast- und Spechthöhlen. Künstliche Nisthilfen sind eine Übergangslösung. Wir sollten wieder mehr Biotopholz in Wald und Garten ermöglichen!

Der Inhalt des Buches wurde vom Autor und Verlag nach bestem Wissen überprüft; eine Garantie kann jedoch nicht übernommen werden. Die juristische Haftung ist daher ausgeschlossen.

Hinweis:
Dieses Buch wurde auf chlorfrei gebleichtem Papier gedruckt.
Die zum Schutz vor Verschmutzung verwendete Einschweißfolie ist aus Polyethylen chlor- und schwefelfrei hergestellt. Diese umweltfreundliche Folie verhält sich grundwasserneutral, ist völlig recyclingfähig und verbrennt in Müllverbrennungsanlagen völlig ungiftig.

ISBN: 978-3-7020-0992-2

Alle Rechte der Verbreitung, auch durch Film, Funk und Fernsehen, fotomechanische Wiedergabe, Tonträger jeder Art, auszugsweisen Nachdruck oder Einspeicherung und Rückgewinnung in Datenverarbeitungsanlagen aller Art, sind vorbehalten.

© Copyright by Leopold Stocker Verlag, Graz 2004; 2. Auflage 2011

Printed in Austria
Layout: wdp-pointinger, Jauerburggasse 21, 8010 Graz
Druck und Bindung: Druckerei Theiss GmbH, 9431 St. Stefan

# Inhalt

Einleitung zur 6. Auflage .................................................. 8

## Baumhöhlen als natürliche Nistgelegenheiten ................................ 10
### Spechtbäume bewahren .................................................. 10
Spechte, die natürlichen Baumeister für Schlaf-, Wohn- und Bruthöhlen .......... 10
### Biotopholz ermöglicht vielfältiges Leben ................................. 16

## Allgemeine Nistkastenkunde .............................................. 18
### Für und Wider Vogelnistkästen .......................................... 18
Warum Nisthilfen? ...................................................... 18
### Die verbreiteten Meisennistkästen ...................................... 20
Die wichtigsten Typen von Höhlen-Nisthilfen und ihre wesentlichen Bewohner .... 20

## Vogelnistkästen im Garten ............................................... 26
### Vogelbeobachtung vom Wohnzimmer aus .................................... 26
### Die Singvögel des Gartens .............................................. 28
### Geeignete Vogelnistkästen für den Garten ............................... 34
Maße eines geräumigen Viereckkastens aus Holz für Meisen .................. 35
Holznistkästen zum Selbstbauen .......................................... 36
Holzbetonnisthilfen im Handel ........................................... 36
### Kontrolle der Vogelnistkästen im Garten ................................ 38
### Nisthilfen an Gebäuden ................................................ 46
### Reinigung der Vogelnistkästen im Garten ................................ 52
### Katzenschutz für Nistkästen ........................................... 54
### Vogelfütterung nur in Ausnahmefällen! .................................. 54
Ausnahmen, die das Vogelfüttern im Winter erlauben ...................... 56
Grundregeln für das winterliche Vogelfüttern ............................ 56
Natürliche Nahrungsgrundlagen im Garten verbessern! ..................... 56

## Nistkastenpraxis im Wald ................................................. 58
### Singvögel als Helfer im Forst .......................................... 58
Allgemeine Richtlinien für die Anzahl der Nistkästen je bestandsbildender Holzart . 58
### Welche Singvogelarten lassen sich gegen Forstinsekten erfolgreich ansiedeln? .... 60
### Geeignete und ungeeignete Vogelnisthilfen im Wald ...................... 68
Ungeeignete Vogelnistgeräte ............................................. 68
Geeignete Vogelnistgeräte ............................................... 70
Anzahl und Verteilung der Vogelnistkästen im Wald ....................... 72
Günstige und ungünstige Aufhängeorte für Vogelnistkästen im Wald ........ 76
Abstand der Vogelnistkästen voneinander ................................. 78
Die Aufhängehöhe von Vogelnistkästen im Wald ............................ 82
Befestigungsmöglichkeiten für Vogelnistkästen im Wald ................... 84

Bewohner der Vogelnistkästen und ihre Lebensweise ........................ 86
    **Vögel** ................................................................. 86
        Kohlmeise, *Parus major* ............................................. 86
        Blaumeise, *Parus caeruleus* ......................................... 92
        Tannenmeise, *Parus ater* ........................................... 96
        Haubenmeise, *Parus cristatus* ....................................... 98
        Sumpfmeise, *Parus palustris* ........................................ 98
        Weidenmeise, *Parus montanus* ...................................... 104
        Kleiber, *Sitta europaea* ........................................... 110
        Baumläufer, *Certhia familiaris* und *brachydactyla* ................... 112
        Gartenrotschwanz, *Phoenicurus phoenicurus* .......................... 118
        Trauerschnäpper, *Ficedula hypoleuca* ............................... 120
        Halsbandschnäpper, *Ficedula albicollis* ............................. 122
        Wendehals, *Jynx torquilla* ......................................... 122
        Feldsperling, *Passer montanus* ..................................... 124
        Haussperling, *Passer domesticus* ................................... 124
        Haus- und Feldsperlinge ............................................ 126
        Zaunkönig, *Troglodytes troglodytes* ................................ 128
        Star, *Sturnus vulgaris* ............................................ 130
        Hohltaube, *Columba oenas* ......................................... 132
        Turmfalke, *Falco tinnunculus* ...................................... 132
        Waldkauz, *Strix aluco* ............................................ 132
        Steinkauz, *Athene noctua* ......................................... 136
        Rauhfußkauz, *Aegolius funereus* .................................... 136
        Sperlingskauz, *Glaucidium passerinum* .............................. 138
        Schellente, *Bucephala clangula* .................................... 140
        Gänsesäger, *Mergus merganser* ..................................... 140
        Eisvogel und Uferschwalben, *Alcedo atthis* und *Riparia riparia* ....... 140
        Mauersegler, *Apus apus* ........................................... 140
        Stockente, *Anas platyrhynchos* ..................................... 142
        Wiedehopf, *Upupa epops* ........................................... 142
        Blauracke, *Coracias garrulus* ...................................... 142
        **In Nischenbrüterkästen vorkommende Vogelarten** .................... 144
        Rotkehlchen, *Erithacus rubecula* ................................... 144
        Grauschnäpper (Grauer Fliegenschnäpper), *Muscicapa striata* .......... 144
        Bachstelze, *Motacilla alba* ........................................ 148
        Hausrotschwanz, *Phoenicurus ochruros* .............................. 148
        Gartenrotschwanz, *Phoenicurus phoenicurus* .......................... 152
    **Säugetiere** ............................................................ 154
        Spezielle Kästen und Höhlen für Fledermäuse ........................ 154
        Hausmäuse, *Mus musculus* und *Mus domesticus* ...................... 158
        Waldmaus, *Apodemus sylvaticus* .................................... 158
        Gelbhalsmaus, *Apodemus flavicollis* ................................ 162

Haselmaus, *Muscardinus avellanarius* ... 164
  Siebenschläfer, *Glis glis* ... 168
  Gartenschläfer, *Eliomys quercinus* ... 170
  Baumschläfer, *Dyromys nitedula* ... 172
  Eichhorn, *Sciurus vulgaris* ... 174
  Baummarder, (Edelmarder), *Martes martes* ... 174
**Insekten** ... 176
  Stechimmen, Aculeaten ... 176
  Steinhummel *Pyrobombus lapidarius* ... 176
  Hornisse, *Vespa crabro* ... 176
  Wespen ... 180
  Hummeln ... 186
  Hummelwachsmotte, *Aphomia sociella* ... 188
  Mörtelbiene, *Chalicodoma muraria* ... 192
  Blattschneiderbiene, *Megachile centuncularis* ... 192
  Honigbiene, *Apis mellifica* ... 194
  Schwammspinner, *Lymantria dispar* ... 194
  Nonnenraupe, *Lymantria monacha* ... 194
  Pyramideneule, *Amphipyra pyramidea* ... 196
  Der „Große Fuchs", *Nymphalis polychloros* ... 196
  Ameisen, *Lasius niger* und *Lasius flavus* ... 198

# Störenfriede und Feinde der in Nistkästen wohnenden Singvögel ... 200
  Störenfriede ... 200
  Feinde ... 204

# Jährliche Reinigung und Nistkastenkontrolle ... 212
  **Notwendigkeit und Termin** ... 212
  **Nummerierung und Kontrolle von Vogelnistkästen im Wald** ... 212
  **Teilnahme an der Kontrolle** ... 212
  **Hilfsgeräte** ... 214
  **Kontroll-Tipps** ... 214
    Reparatur und Beschaffung neuer Nistkästen ... 218
    Wie werden Vogel-, Insekten- und Säugetiernamen
    für die Eintragung in das Kontrollheft abgekürzt? ... 220
  **Häufig verwendbare Abkürzungen** ... 220
    Eintragung ins Kontrollbuch für die Jahresstatistik ... 222
    Die Zusammenrechnung jedes einzelnen
    Kontrollergebnisses zum Jahresgesamtergebnis ... 230
  **Weiterführende Literatur** ... 240
  **Register** ... 242

# Einleitung zur 6. Auflage

Ein praxisbewährtes Nistkastenbuch – aufbauend auf 350.000 Nistkastenkontrollen – in seiner 6. Auflage ohne den ursprünglichen Autor neu zu gestalten, ist eine schwierige Aufgabe. Die Kenntnis über unsere Vogelwelt hat sich in den vergangenen Jahrzehnten vervielfacht, allerdings auch die Gefährdung der frei lebenden Vogelwelt. Forstwirtschaft und Forstschutz orientieren sich neuerdings stärker an langfristiger Nachhaltigkeit. Demgegenüber stehen unvorhersehbare Auswirkungen eines befürchteten Klimawandels.

Natur- und Vogelschutz finden in der Bevölkerung stetig wachsende Unterstützung, gleichzeitig schreitet die Intensivierung der Landbewirtschaftung flächendeckend voran. Die Nistkastenphilosophien sind heute mehr denn je von unterschiedlichen Motiven geprägt: Gartenbesitzer, Vogelliebhaber, Ornithologen, Forstverantwortliche und Naturschützer haben unterschiedliche Meinungen über Sinn und Notwendigkeit von Nistkästen.

Die fünf Auflagen „Die richtigen Vogelnistkästen in Wald und Garten" von Dr. Otto Henze (5. Auflage 1991) haben sich aus seiner umfassenden Erfahrung mit der Förderung von Singvögeln zur Regulierung von Massenauftreten von Forstschädlingen entwickelt. Mit der umfassenden Bildauswahl sollen Nistkastenbetreuern Möglichkeiten eröffnet werden, aufgrund des Nestmaterials, der Eier bzw. der Reste davon Rückschlüsse auf die Bewohner von Nistkästen zu ermöglichen. Darin liegt auch die konkurrenzlose Berechtigung für eine 6. Auflage. Wer Nistkästen aushängt, sollte sie kontrollieren, pflegen und Verlustursachen bewerten, wofür die zahlreichen Fotos dieses Bandes eine gute Vergleichsgelegenheit geben.

Neu vorangestellt ist ein Kapitel über den Wert von Spechtbäumen, Baumhöhlen und Biotopholz, deren Erhalt im Interesse moderner Forstwirtschaft liegt. Ein eiserner Bestand an höhlenbrütenden Vögeln hilft Schädlingskalamitäten zeitgerecht zu vermeiden. Erweitert wurden auch die Kapitel über Selbstbau von Holznistkästen und der Überblick über im Handel angebotene Holzbetonnistkästen. Letztere werden in immer größerer und ausgereifterer Fülle angeboten. Andererseits sind manche billige „Baumarktqualitäten" für die frei lebende Vogelwelt eher schädlich als nützlich.

Das Leben und Überleben der Vogelwelt ist von begrenzten Ressourcen und von zahlreichen Einflussnahmen des Menschen geprägt. Mancher Vogelliebhaber stärkt sich mental durch den täglichen Sichtkontakt mit „seinen" Gartenvögeln. Für den Forstmann geht es um das biologisch gestützte Vermeiden von Forstschäden. Die verständliche Begründung heutiger Nistkastenaktionen liegt im Mangel an Altbäumen mit Baumhöhlen. Nistkästen sind die vorübergehende Alternative! Langfristig sollten in jedem Wald und jedem Garten natürliche Nistgelegenheiten in alten und abgestorbenen Bäumen, in Biotop- und Totholz ermöglicht werden!

*Johannes Gepp*
Graz, 2004

*Ein einzige*
*Blaumeisenpaar verzehrt m*
*seinen Nachkommen ein*
*Jahres etwa 70.000 Raupe*
*(Foto: W. Tilgner*

## Blaumeisenvater auf Nahrungssuche

# Baumhöhlen als natürliche Nistgelegenheiten

## SPECHTBÄUME BEWAHREN

**Unser Ziel: mehr natürliche Nistmöglichkeiten!** Neben den Erlebniswerten, die uns die umgebende Vogelwelt bietet, sind ökologische Ausgleichsfunktionen wie Schädlingsregulation oder Unterstützung bei der Pflanzenverbreitung bedeutungsvoll.
Mit steigendem Anteil an Altholz vergrößert sich auch das Angebot an Nistmöglichkeiten für Höhlenbrüter. Verbleiben einzelne abgestorbene Altbäume im Wald, so finden höhlenzimmernde Spechte bessere Nahrungs- und Vermehrungsmöglichkeiten. Spechtbäume in Forst und Wald garantieren einen „eisernen Bestand" an Spechten und höhlenbrütenden Vogelarten.

**Spechte, die natürlichen Baumeister für Schlaf-, Wohn- und Bruthöhlen:**
Viele Tierarten sind auf Spechthöhlen als natürliche Quartiere angewiesen. Hans Freiherr von Berlepsch schreibt 1899 in seinem Werk „Der gesamte Vogelschutz": *So findet sich z.B. der äußerst nützliche Wiedehopf stets dort, wo an sonst geeigneter Örtlichkeit Grün- und Grauspecht vorkommen; die Hohltaube und Blauracke vielfach dort, wo sich der Schwarzspecht findet.* Berlepsch hat seine ersten Nistkästen jeweils genau nach den Maßen verschiedener Spechtarten hergestellt. Allein für die Schwarzspechthöhlen sind 45 Arten von Wirbellosen und Wirbeltieren als Nachmieter bekannt.

*Der zwei Tage alte und noch blinde Buntspecht wird in wenigen Monaten in der Lage sein, selbst Höhlen zu zimmern. (Foto: W. Tilgner).*

In unseren Wäldern und Parkanlagen können wir bis zu 10 Spechtarten antreffen. Der größte ist der Schwarzspecht, so groß wie eine Krähe und am roten Kopffleck unverkennbar. Er ernährt sich vor allem von Larven, Puppen und Imagines von Ameisen, und zwar sowohl solche, die im Holz wohnen, als auch andere Arten (z.B. *Camponotus, Formica* und *Lasius*), holzbewohnenden Käfern (insbesondere Borkenkäfer und Bockkäfer) und Holzwespen (z.B. *Sirex gigas*). Die Erdspechte Grün- und Grauspecht sind relativ schlechte Kletterer, dafür haben sie eine überlange Leimrutenzunge entwickelt, mit der sie aus letzten Schlupfwinkeln Ameisen aus ihren Gängen hervorzüngeln. Ihre bevorzugte Nahrung sind Wiesen- und Wegameisen (vor allem *Lasius*- und *Formica*-Arten). Ganzjährig bei uns in Wäldern und Parkanlagen zuhause ist der Buntspecht, dessen Revier zwischen einem Hektar in alten Laubholzbeständen und Parks und 170 Hektar in montanen Wirtschaftswäldern umfasst. Er ernährt sich von Insektenlarven, Koniferensamen und verschiedenen Nüssen im Herbst und Winter, trinkt im Frühjahr Blutungssaft, der an Ringelwunden austritt und ernährt sich im Frühling und Sommer von oberflächenbewohnenden Arthropoden (v. a. Raupen), Vogeleiern und Nestlingen, Früchten und Beeren. Der nahe Verwandte des Buntspechts, der Blutspecht wanderte im vorigen Jahrhundert über die Balkanhalbinsel nach Mitteleuropa ein und bewohnt hier vor allem Wein- und Obstgärten, Auen, Parks, Friedhöfe und Alleen. Der Mittelspecht ist der Stocherspecht in der Gattung der Buntspechte und bevorzugt deshalb Bäume mit grobrissiger Borke, wie z.B. alte Eichen oder Schwarzerlen. Kleinspechte bewohnen lichte Laub- und Mischwälder (bevorzugt Weich-

*In naturnahen Wäldern zimmert vor allem der Schwarzspecht Nisthöhlen, die in den Folgejahren von höhlenbrütenden Vögeln übernommen werden (Foto: W. Tilgner).*

Nisthöhlenbaumeister: der Schwarzspecht

**Nachnutzer von Buntspechthöhlen:** Tierarten, die als Nutzer von verlassenen Baumhöhlen angefertigt von Buntspechten nachgewiesen wurden (Michalek nach Wiesner 2001).

| Klasse: Arten (*wiss. Name*) | Nw | Nw | Nw |
|---|---|---|---|
| SÄUGETIERE | | | |
| Wasserfledermaus (*Myotis daubentoni*), Teichfledermaus (*M. dasycneme*), Kleine Bartfledermaus (*M. mystacinus*), Große Bartfledermaus (*M. brandtii*), Fransenfledermaus (*M. nattereri*), Bechsteinfledermaus (*M. bechsteinii*), Großmausohr (*M. myotis*), Braunes Langohr (*Plecotus auritus*), Graues Langohr (*P. austriacus*), Mopsfledermaus (*Barbastella barbastellus*), Breitflügelfledermaus (*Eptesicus serotinus*), Nordfledermaus (*E. nilssonii*) | * | N | - |
| Abendsegler (*Nyctalus noctula*), Kleiner Abendsegler (*N. leisleri*), Rauhhautfledermaus (*Pipistrellus nathusii*) | * | N | W |
| Zwerg- u. Mückenfledermaus (*Pipistrellus pipistrellus/pygmaeus*) | - | N | - |
| [[Eichhörnchen (*Sciurus vulgaris*)]] | - | N | V |
| Gartenschläfer (*Eliomys quercinus*), Siebenschläfer (*Glis glis*), Haselmaus (*Muscardinus avellanarius*) | * | N | (W) |
| Gelbhalsmaus (*Apodemus flavicollis*), Waldmaus (*A. sylvaticus*) | * | - | V |
| Rötelmaus (*Clethrionomys glareolus*) | * | - | - |
| Hermelin (*Mustela erminea*) | - | N | V |
| [[Baummarder (*Martes martes*)]] | * | - | V |
| VÖGEL | | | |
| Buntspecht (*Picoides major*), Mittelspecht (*P. medius*), [[Grauspecht (*Picus canus*), Grünspecht (*Picus viridis*), Schwarzspecht (*Dryocopus martius*)]] | * | N | - |
| Kleinspecht (*Picoides minor*) | - | (N) | - |
| Wendehals (*Jynx torquilla*) | * | (N) | - |
| [[Hohltaube (*Columba oenas*)]] | * | - | - |
| Sperlingskauz (*Glaucidium passerinum*), [[Rauhfußkauz (*Aegolius funereus*), Steinkauz (*Athene noctua*)]] | * | N | V |
| Mauersegler (*Apus apus*) | * | - | - |
| [[Wiedehopf (*Upupa epops*)]] | * | - | - |
| Grauschnäpper (*Muscipcapa striata*), Trauerschnäpper (*Ficedula hypoleuca*), Halsbandschnäpper (*F. albicollis*), Zwergschnäpper (*F. parva*), Gartenrotschwanz (*Phoenicurus phoenicurus*) | * | - | - |
| Tannenmeise (*Parus ater*), Kohlmeise (*P. major*), Blaumeise (*P. caeruleus*) | * | (N) | (V) |
| Sumpfmeise (*P. palustris*), Weidenmeise (*P. montanus*), Haubenmeise (*P. cristatus*) | (*) | - | - |
| Kleiber (*Sitta europaea*) | * | - | - |
| Haussperling (*Passer domesticus*), Feldsperling (*P. montanus*) | * | (N) | - |
| Star (*Sturnus vulgaris*) | * | - | - |
| [[Dohle (*Corvus monedula*)]] | * | - | - |
| INSEKTEN | | | |
| Sächsische Wespe (*Dolichovespula saxonica*), Kuckuckswespe (*D. adulterina*), Tönnchenwegwespe (*Auplopus carbonarius*), Hornisse (*Vespa crabro*), Blattschneiderbiene (*Megachile* sp.) | * | N | (V) |
| Honigbiene (*Apis mellifera*), Baumhummel (*Bombus hypnorum*) | * | N | V |
| Hummelwachsmotte (*Aphomia sociella*) | * | - | - |
| Pyramideneule (*Amphipyra pyramidea*), Trauermantel (*Vanessa antiopa*) Großer Fuchs (*V. polychloros*), Kleiner Fuchs (*V. urticae*), Tagpfauenauge (*V. io*) | - | - | W |

Nw = Nutzungsweise; * = Brut, Jungenaufzucht oder Wochenstube; N = Versteck zum Nächtigen bzw. Übertagen; V = Vorratsdepot, W = Winterquartier; ( ) = eingeklammerte Symbole verdeutlichen gelegentliche Nutzung; [[ ]] = Nutzung erst nach Erweiterung von Eingang und Höhleninnerem möglich.

# Dreizehen- und Mittelspecht

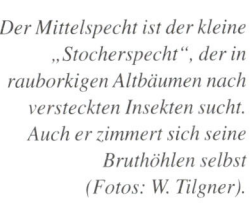

*Der Dreizehenspecht zimmert seine Bruthöhlen selbst in Nadelbäume. Die Spechtjungen müssen ohne Nistmaterial auskommen – , umso mehr sorgen die Eltern durch Abtransport der Kotbällchen für Sauberkeit.*

*Der Mittelspecht ist der kleine „Stocherspecht", der in rauborkigen Altbäumen nach versteckten Insekten sucht. Auch er zimmert sich seine Bruthöhlen selbst (Fotos: W. Tilgner).*

*Der nachtaktive Siebenschläfer schläft tagsüber gerne in verlassenen Vogelnestern (Foto: W. Tilgner).*

*Dieser Sperlingskauz erwählte eine verlassene Höhle eines Dreizehenspechts als Brutstätte.*

*Das Braune Langohr (Plecotus auritus) verbrachte den Tag in einer aufgegebenen Spechthöhle, deren Eingang vom Kleiber teilweise verklebt worden war (Foto: W. Tilgner).*

hölzer wie Pappeln und Weiden), Villen- und Hausgärten, Parkanlagen und Streuobstwiesen. Dreizehenspechte und Weißrückenspechte sind in Mitteleuropa typische Bewohner der naturnahen todholzreichen Bergwälder. Er ist spezialisiert auf das Erbeuten vor allem von winzigen Borkenkäfern, die unter der Borke leben und fetten Bockkäferlarven, die angemorschte Strünke bewohnen. Der Weißrückenspecht bevorzugt urwaldartige montane Mischwälder mit hohem Laubholzanteil, insbesondere mit Rotbuche und Bergahorn (z.B. Fichten-Tannen-Buchenwälder). Der Weißrückenspecht ernährt sich vor allem von holzbewohnenden Larven von Pracht- und besonders Bockkäfern (Kapitelbearbeitung: Dr. Klaus Michalek).

**Aktion Spechtbaum:** Bäume mit Spechthöhlen, ob abgestorben oder lebend, sollten als wertvolle Lebensstätten für Vögel, Fledermäuse und Insekten erhalten bleiben. In manchen Wäldern findet man auf ausgesuchten Spechtbäumen angenagelt schwarze Spechtsilhouetten, die die Naturverbundenheit des Waldbesitzers signalisieren.

*Die Blauracke ist einer der rarsten Baumhöhlenbrüter. Sie bevorzugt Höhlen des Grünspechts, brütet aber auch in Asthöhlen hochwüchsiger Flurbäume (Foto: H. Berger).*

Baumhöhlen für Raritäten

*Der Wiedehopf brütet bevorzugt in Asthöhlen einzelnstehender Eichen und Weiden (Foto: H. Berger).*

# BIOTOPHOLZ ERMÖGLICHT VIELFÄLTIGES LEBEN

**Altholz auch für holzbewohnende Käfer:** Das Fehlen ausgedehnter Urwälder und die Intensivierung der Waldwirtschaft bedingen in Mitteleuropa das Aussterben Hunderter holzbewohnender (xylobionter) Käferarten. Alt- und Todholz sind daher nicht nur Nistgrundlagen für höhlenbrütende Vogelarten, sondern auch Überlebensräume von mehr als 1.500 Käferarten! Vor allem frei stehende und hochragende „Baumgreise" bieten xylobionten Tierarten über Jahrzehnte Vermehrungsmöglichkeiten.

Wir sollten respektieren, dass auch tote Baumriesen Teil der natürlichen Vielfalt und daher schutzwürdig sind! Baumchirurgische Maßnahmen, die das Verschließen von Baumhöhlen vorsehen, sind nur in seltenen Ausnahmefällen bei historisch markanten Naturdenkmalen anzuwenden. Vordringliches Ziel ist es, Alt- und Todholzbestände als Biotope der Vielfalt zu erhalten.

*Alte Bäume sind als so genantes „Biotopholz" auch Lebenraum für zahlreiche xylobion Insektenarten wie (von lin oben nach rechts unte Hirschkäfer, Großer Eiche bock, Schröter, Moschusboc Rosenkäfer, Alpenbock sow für einen Baumhöhlen bewo nenden Ameisenlöwen (lin unten) und eine sich dara entwickelnde (rechts unte Pantherameisenjungfer (e Netzflügler) (Fotos: J. Gepp*

Insektenleben im Biotopholz

# Allgemeine Nistkastenkunde

## Für und Wider Vogelnistkästen

Vögel benötigen mehr als viele andere Tiergruppen große Lebensräume, Zugvögel mitunter mehrere Kontinente oder die Weiten der Ozeane, um für alle Lebensphasen die geeigneten Überlebensbedingungen vorzufinden. Es mag daher paradox erscheinen, dass das regionale Vorkommen einiger allgemein bekannter Vogelarten vom Vorhandensein faustgroßer Nisthöhlen in alten Bäumen abhängig ist.

Tatsächlich bieten moderne Siedlungsbauten und intensive Waldnutzung höhlenbrütenden Vogelarten weder in der Stadt noch im Forst ausreichende Nistgelegenheiten! Bei einigen besonderen Vogelarten wie der Blauracke oder einigen Kauzarten sterben lokale Populationen u. a. durch Nistplatzmangel aus.

*Der Standard-Meisenkasten zum Selbstbau (hier aus drei verschiedenen Perspektiven) (Fotos: J. Gepp).*

**Warum Nisthilfen?**
- Nistkästen sind in der altholzarmen Landschaft für höhlenbrütende Vögel ein wichtiger Ersatz für Baumhöhlen.
- Vögel sind vor allem zur Zeit der Jungenaufzucht fleißige Dezimierer häufig auftretender Insekten.
- Vögel im Garten und im Siedlungsraum haben aber auch eine Erlebnisfunktion für den Menschen und Symbolcharakter als Glücksbringer (Schwalben, Storch).
- Möglichkeiten der Naturbeobachtung fördern das Umweltbewusstsein der Kinder.

*Der Selbstbaukasten wird aus einem 20 mm dicken, innen ungehobelten Holz angefertig. Die Außenseite kann nachträglich mit Lack wetterfest versiegelt werden.*

**Wenig sinnvoll** ist es, Nistkästen an ungeeigneten Stellen auszuhängen. In völlig monotonen Gärten mit sterilen Rasenflächen, in Intensivobstgärten, die mit Pestiziden behandelt werden, unmittelbar an Straßenrändern und überall dort, wo Insekten als lebensnotwendige Nahrungsquelle für die Jungvögel fehlen, werden Nistkästen zu anlockenden Fallen.

**Ungeeignete** Nistkästen und fehlende alljährliche Reinigung können große Verluste bei der Jungenaufzucht bewirken, epidemische Krankheiten durch Parasiten fördern und in Summe mehr schaden als nützen.

Nisthilfen für **gefährdete Vogelarten** bedürfen einer fachkundigen Beratung, einer Abstimmung mit Naturschutzbehörden und wissenschaftlich arbeitenden Vogelkundlern, aber vor allem einer Koordination mit amtlich genehmigten Artenschutzprogrammen! Nisthilfen für Eulenvögel, Störche und besondere rare Vogelarten wie Blauracke und Wiedehopf sind nur im Einvernehmen mit der regionalen Naturschutzbehörde und in Zusammenhang mit langfristigen Projekten sinnvoll.

*Das Dach des Meisenkastens wird mit Teerpappe regenfest überzogen. Eine schwenkbare Einflugseite ermöglicht die Reinigung des Meisenkastens.*

# Selbstbaukasten für Kohlmeisen

*Der Standard-Kohlmeisennistkasten (vgl. Seite 35) hat ein Einflugloch mit 32 mm Durchmesser und ein Grundmaß von 18x18 cm. Das Dach wurde hier mit einer aufgesetzten Glasfaserplatte vor Feuchtigkeit geschützt (Foto: J. Gepp).*

# DIE VERBREITETEN MEISENNISTKÄSTEN

Der Häufigkeit und Nützlichkeit der Meisen entsprechend, werden ihre Höhlenbrüter-Kästen vielerorts sowohl von Gartenbesitzern als auch von Forstleuten in großer Zahl ausgehängt. Der Besitzer eines kleinen Gartens oder der bastelfreudige Vater von naturinteressierten Kindern kauft sich Bausätze für hölzerne Meisenkästen. Weniger bastelfreudige Vogelförderer kaufen Holzbetonkästen für Meisen im Fachhandel. Die Maße typischer Meisenkästen, kurze Hinweise zum Aufhängen sowie Betreuungsempfehlungen sind den beigefügten Abbildungen zu entnehmen.

**Die wichtigsten Typen von Höhlen-Nisthilfen und ihre wesentlichen Bewohner:**
**Vollhöhlen** (Meisenkästen) bewohnen hauptsächlich: Kohl-, Blau-, Tannen-, Weiden- und Haubenmeisen; Kleiber, Grau- und Halsbandschnäpper, Feldsperling, Zaunkönig.
**Übergroße Vollhöhlen** (Eulenkästen etc.) bewohnen: Wald-, Stein-, Rauhfuß-, Sperlingskauz; Wiedehopf, Blauracke, Star, Hohltaube.
**Halbhöhlen** bewohnen: Hausrotschwanz, Grauschnäpper, Bachstelze
**Nischenbrüterhöhlen** bewohnen: Haus- und Gartenrotschwanz, Grauschnäpper, Rotkehlchen, Zaunkönig, Bachstelze.
**Baumläuferhöhlen** bewohnen: Garten- und Waldbaumläufer.

Vogelnistkästen aus Holzbeton sind heute auch formschön gestaltet und für höhlen- und nischenbrütende Gartenvögel in ihren Maßen genau (Brutraumgröße 14 x 18 cm) für deren Bedürfnisse konstruiert und vor allem leicht zu öffnen und zu reinigen. In guten Gartenfachhandlungen sind sie zu haben. Neben ihrer Forstanwendung werden sie immer öfter in den Gärten ausgehängt, da sie viele Jahre haltbar bleiben und wenig Aufwand benötigen. Für den Star wählt man einen Kasten mit 4,6 cm rundem Flugloch; für Kohlmeise, Kleiber und Feldspatz ein ovales Flugloch von 3 x 4,5 cm, in das der Star nicht einschlüpfen kann und sie von ihm dadurch auch nicht vertrieben werden können. Für die kleinen Meisen wie Blau-, Tannen-, Sumpf- und Haubenmeise (in Waldrandnähe) hängt man 3-Loch-Kästen mit je 27 mm runden Fluglöchern auf, denn aus diesen kann sie die stärkere Kohlmeise nicht verjagen. Ein Flugloch von nur 26 mm Durchmesser wäre für alle zu eng, außer der schlanken kleinen Tannenmeise. Die Nischenbrüter erhalten einen 2-Loch-Kasten von 3 x 5 cm Fluglochdurchmesser. Er hat im Inneren einen Holzeinsatz gegen die Nesträuber Eichelhäher, Buntspecht und Eichhorn. Am Haus aufgehängt wird er gern von Haus- oder Gartenrotschwanz, dem Grauschnäpper und auch von der Bachstelze bezogen, wenn der Kasten unter dem Dachfirst hängt. Sie alle suchen die Nähe des Menschen und scheuen ihn meist nicht.

*Die Holzbetonnisthöhlen (T Schwegler 1B) mit 32 m Fluglochweite bieten ru einem Dutzend Singvogelart – hier der Kohlmeise – Br gelegenheit (links obe*

*Freihängende Nisthöhle (T Schwegler 2M) mit einer Dra schlinge an ausladenden Äst befestigt, bietet auch dem Ha bandschnäpper Sch vor Katzen und Marde (rechts obe*

*Die vergrößerte Holzbeto Nisthöhle (Typ Schwegler 2G bietet mit 14 cm Breite u 19 cm Länge einen vergröße ten Brutraum und wird dur das ovale Flugloch (30x45 m zum „Komfort-Hotel" auch f den Kleiber (links unter*

*Durch die 27 mm messend drei Einfluglöcher werden c kleineren Blau-, Sumpf-, Ta nen- und Haubenmeisen bevc zugt, vor allem dringt genüge Licht in die mardergeschütz Bruthöhle, die mittels Aufhä gebügel an einen Baumstan oder an einen dick Ast gehängt werden ka (rechts unter*

20

# Holzbeton-Bruthöhlen

| Vogelart | In Höhlenbrüterkästen | In Nischenbrüterkästen | Fluglöcher Größe | Anzahl | Zugvogel | Ganzjährig bei uns |
|---|---|---|---|---|---|---|
| Kohlmeise | x | x | 3 × 4,5 cm  oval | 1 | | x |
| | | | 3,2 cm  rund | 1 | | |
| | | | 3 × 5 cm  oval | 2 | | |
| Blaumeise | x | | 2,7 cm  rund | 3 | | x |
| Tannenmeise | x | | 2,7 cm  rund | 3 | | x |
| Haubenmeise | x | | 2,7 cm  rund | 3 | | x |
| Sumpfmeise | x | | 2,7 cm  rund | 3 | | x |
| Weidenmeise | x | | 2,7 cm  rund | 3 | | |
| Kleiber | x | | 3 × 4,5 cm  oval | 1 | | x |
| Gartenbaumläufer | x | | Spezialnistkästen | | | |
| Waldbaumläufer | x | | | | | |
| Gartenrotschwanz | x | x | in allen Fluglochgrößen | | x | |
| Trauerschnäpper | x | x | in allen Fluglochgrößen | | x | |
| Halsbandschnäpper | x | x | in allen Fluglochgrößen | | x | |
| Wendehals | x | x | in allen Fluglochgrößen | | x | |
| Feldsperling | x | | in allen Fluglochgrößen | | | x |
| Haussperling | | x | | | | x |
| Zaunkönig | x | x | vereinzelt in allen Fluglochgrößen | | | x |
| Star | x | | 4,6 cm  rund | 1 | x | (x) |
| Hohltaube | x | | 7,5–8,5 cm  rund | 1 | x | |
| Turmfalke | x | | 8,5 cm  rund | 1 | | x |

Halbhöhlen mit 12 c Brutraumdurchmess (Typ Schwegler 2H) könn über Äste gehängt (rechts obe oder für den Hausrotschwa auch seitlich an Hauswänd angebracht werde

Längliche Halbhöhl mit Brutraumeinse (Typ Schwegler 2HW) si vor Elstern und Eichelhähe sicher (links obe

Die Nischenbrüterhöhle n Brutraumeinsatz, zwei oval Einfluglöchern (Typ Schweg 1N) schützt die Feldsperlin sowohl gegenüber Elstern u Eichelhähern als auch v Katzen und Marde (links unte

Die Baumläuferhöhle h Katzen- und Marderschutz (T Schwegler 2B) und wird Baumstämmen mit grob Rinde befestigt und kann dur die abnehmbare Frontpla leicht gereinigt werd (rechts unte

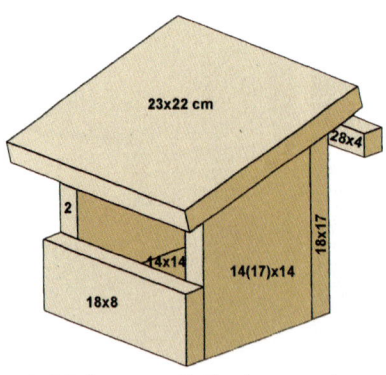

Halbhöhle aus Holz mit Maßen zum Selbstbau, geeignet vor allem für Rotschwänze, Grauschnäpper und Bachstelze. Die Dachfläche sollte mit Dachpappe wasserdicht überzogen werden.

Halbhöhlen und Nischenbrüterkästen

| Vogelart | In Höhlenbrüterkästen | In Nischenbrüterkästen | Fluglöcher Größe | | Anzahl | Zugvogel | Ganzjährig bei uns |
|---|---|---|---|---|---|---|---|
| Waldkauz | x | | 7 × 8,5 cm | rund | 1 | | x |
| Steinkauz | x | | Spezialniströhren | | | | x |
| Rauhfußkauz | x | | 6,4 cm | rund | 1 | | x |
| Sperlingskauz | x | | 4,6–6 cm | rund | 1 | | x |
| Schellente | x | | 15 cm | rund | 1 | x | |
| Gänsesäger | | | unterschiedlich | | | x | (x) |
| Stockente | | | Brutkästen | | | | x |
| Wiedehopf | x | | 6 cm | rund | 1 | x | |
| Blauracke | x | | 7 cm | rund | 1 | x | |
| Mauersegler | | | Spezialkasten | | | x | |
| Rotkehlchen | | x | 3 × 5 cm | oval | 2 | | x |
| Grauschnäpper | | x | 3 × 5 cm | oval | 2 | x | |
| Bachstelze | | x | 3 × 5 cm | oval | 2 | x | |
| Hausrotschwanz | | x | 3 × 5 cm | oval | 2 | x | |
| Mehlschwalbe | | | Künstliche Schwalbennester | | | x | |
| Rauchschwalbe | | | | | | x | |
| Wasseramsel | | x | Spezialkasten | | | | x |
| Schleiereule | x | | 14 × 19 cm | | 1 | | x |

x- trifft zu

*Die Kleiberhöhle (Typ Schwegler 5KL) hat einen Brutinnenraum mit 20 c Durchmesser und ei Fluglochweite von 32 m (links ober*

*Kauzhöhlen mit 20 cm Bru raumdurchmesser und ein Fluglochweite von 110x120 m bieten auch den Hohltaube und Dohlen Nistgelegenhe selten auch der Schellente u dem Gänsesäger (rechts ober*

Artspezifische Nisthilfen orientieren sich an natürlichen Nistgelegenheiten. Ihre Form und Anbringung verlangt von den Vögeln eine Wiedererkennung ab. Für uns Menschen am leichtesten nachvollziehbar ist die Neigung von Schwalben, weitgehend exakt nachgebaute Betonschalen anzunehmen. Bei größeren Höhlenbrüter-Kästen kann man sich vorstellen, dass diese auf Vögel wie geräumige Baumhöhlen wirken. Steinkauzröhren orientieren sich offensichtlich an liegenden hohlen Stämmen, die Brutröhren für Eisvögel und Uferschwalben an vorhandener Höhlen in Sand oder Lösswänden. Bestimmend für die Nutzbarkeit künstlicher Nisthöhlen ist die Weite der Einfluglöcher, die Rauminnenmaße der Höhlen so wie ihre Anbringung an artspezifisch geeigneten Stellen.

*Steinkauzröhren aus Holz m besandeter Dachpappe werde waagrecht auf Obstbaumäste oder Kopfweiden befesti, (links unter*

*Vorgeformte Schwalbenneste werden vor allem von Meh schwalben gerne angenomme (rechts unter*

Artspezifische Nisthilfen

25

# Vogelnistkästen im Garten

## Vogelbeobachtung vom Wohnzimmer aus

Wer einen Garten besitzt, der kann das ganze Jahr über Vögel beobachten. Mit dem Vorfrühling kehren die ersten Zugvögel aus den Winterquartieren zurück. Viele der Frühlingsboten ziehen meist nach kurzen fröhlichen Gesangsstrophen weiter. Es sind die in Gebüsch und Sträuchern brütenden Garten-, Mönchs-, Dorn- und Zaungrasmücken, Weiden- und Fitislaubsänger, dazu die Goldammern und auch die Heckenbraunellen. Sie wandern nahezu alle in die Waldkulturen und Waldbestände. Dort finden sie im Himbeer- und Brombeergerank, zwischen Gräsern und Kräutern und in den vielen angepflanzten jungen Fichtenforsten und in dicht stehenden Naturverjüngungen vorwiegend von Eiche und Hainbuche noch versteckte, stille und sonnige Plätzchen zur Anlage ihrer kleinen Nester.

*Hölzerne Starenkästen mit 46 mm Fluglochweite in große Höhe ausgehängt gab es bere[its] im 19. Jahrhundert (Foto: J. Gepp).*

Spätestens Mitte April haben sich die Gartenbrüter unter den Vögeln für ihre Nistplätze entschieden, die Amseln und der Zaunkönig im Heckendickicht, das Rotkehlchen, der Haus- und der Gartenrotschwanz und die Spatzen haben sich für versteckte Nischen an der Scheune, unterm Dach oder in verwinkelten Fensterbänken entschieden. Die Höhlenbrüter haben sich bereits seit dem Herbst des Vorjahres für das ausgehängte Nistkastensortiment interessiert, ein Kohlmeisenpaar vertreibt freche Haussparzen aus seinem gewohnten Nistkasten, und die ersten Schwalben fliegen Ende April/Anfang Mai in die Dacherker.

Sollten Sie alle bisher genannten Vogelarten in ihrem Garten vorfinden, so könne Sie sich an der Glasveranda ihres Wohnzimmers verdienstvoll und beruhigt zurücklehnen und dieses Buch als vergleichenden Fotoband ihrer gefiederten Freunde betrachten.

*Starengelege als Delikatesse waren zu Ende des 19. Jh.s de[r] Grund, warum Starennistkäste[n] ausgehängt wurden.*

Wenn Sie die genannten Vogelarten weder sehen noch kennen, aber als Gartennachbarn begrüßen wollen, so haben Sie das richtige Buch gewählt! Sie sollten allerdings wissen, dass das Kaufen und Aushängen von Vogelnistkästen nur ein erster Schritt einer Vogelfreundschaft ist, die alljährlich durch Betreuung der Nistkästen erneuert werden muss!

Als **Grundausstattung** für einen Kleingarten empfiehlt sich ein Meisennest mit 32 mm Fluglochdurchmesser. Man kann ein Meisennest gemeinsam mit Kindern aus Holzbrettern bauen oder einen haltbareren Holzbetonnistkasten im spezialisierten Baumarkt kaufen. In katzenreichen Gegenden empfiehlt sich ein 3-Loch-Kasten mit vorgezogener Einflugpartie, um auch vor Mardern und Eichkätzchen zu schätzen. Den gewählten Nistkasten hängt man mehrere Meter vom Fenster eines Wohn- oder Kinderzimmers entfernt in 1,5-2,5 m Höhe auf, um eine dauerhafte Beobachtung der Brutgeschäfte zu ermöglichen. Wer einen hochragenden Baum in seinem Garten besitzt, kann im Wipfelbereich einen Starenkasten aushängen, der 46 mm Fluglochweite aufweist. Im städtischen Bereich ist ein Sperlingskoloniehaus möglich oder unter dem Dach ein Mauersegler-Kasten.

# Meisenkasten mit Beobachtungstür

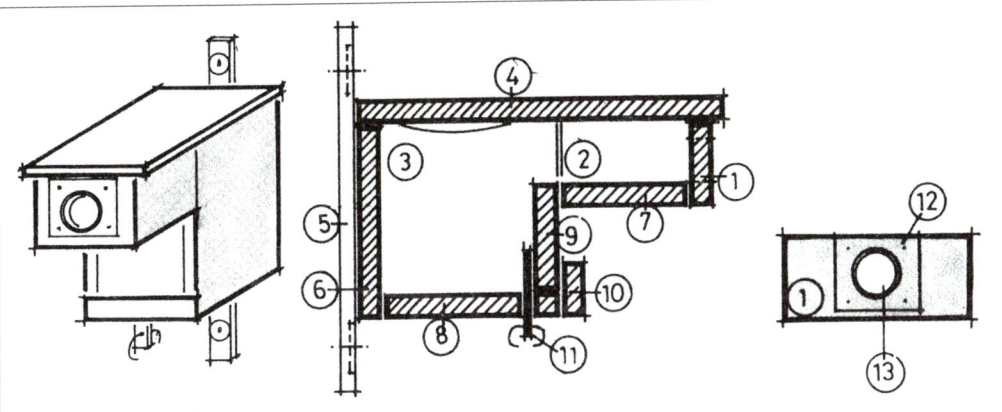

MASSE 1:5 in cm

| | | | |
|---|---|---|---|
| 1 | FLUGLOCHBRETT | 7/16 |
| 2 | SEITENWAND VORNE | 7/11 |
| 3 | SEITENWAND HINTEN | 15/16 |
| 4 | DACH | 18/31 |
| 5 | AUFHÄNGELEISTE | 31/4/2 |
| 6 | RÜCKWAND | 16/16 |
| 7 | BODEN VORNE | 11/12 |
| 8 | BODEN HINTEN | 12/15 |
| 9 | EINSCHIEBLEISTE | 9/12 |
| 10 | VORSATZBRETT | 4.5/16 |
| 11 | SICHERUNGSLEISTE | 0.4/2/8 |
| 12 | BLECHPLATTE | 7/7 |
| 13 | FLUGLOCHDURCHMESSER | 27 oder 34 mm |

*Spezieller mardersicherer Höhlenbrüterkasten mit Beobachtungstür.*

*Für Kinder ist es ein besonderes Erlebnis, der Kohlmeise beim Brüten kurz zuzusehen.*

# DIE SINGVÖGEL DES GARTENS

Die Vogelwelt eines Gartens ist von seiner Größe, seiner Struktur, von seiner Umgebung und vom Gartenbesitzer abhängig! Der optimale Singvogelgarten ist von einer artenreichen Hecke heimischer Sträucher umgeben, hat zumindest eine „Baumecke" mit drei bis zehn hochwüchsigen heimischen Bäumen, darunter befindet sich ein großer Laubstreuhaufen. An der Sonnenseite des Grundstückes schließt am kleinen Gemüsegarten ein Komposthaufen an, umgeben ist er von einer Blumenwiese, die erst nach der Samenentwicklung gemäht wird. Die oftmals gemähten Rasenflächen um das Haus sind auf wenige quadratmetergroße Liegeflächen reduziert. Auf einem solchen knapp 1.000 m$^2$ großen Grundstück kann man im Sommer 3 bis 7 Brutvogelpaare erwarten, am ehesten Kohlmeisen, Hausspatzen, den Haus- oder Gartenrotschwanz, den Zaunkönig, manchmal das Rotkehlchen, Stare oder ein Mauerseglerpaar. In vielen Gärten mit spärlichen Nistgelegenheiten kann man durch 3 Nistkästen für Höhlenbrüter und 3 für Halbhöhlenbrüter ergänzend wirken. Spezielle Nistkästen und Nisthilfen kann man dem Zaunkönig und den Schwalben anbieten. Die Nistkästen und Nisthilfen werden nicht jedes Jahr fortlaufend vom selben Vogelpaar angenommen. Durch Nistkästen mit kleineren Einfluglöchern (27 mm Durchmesser) gibt man auch kleineren Meisenarten eine Chance. Mitunter nutzen aber auch Hummeln, Hornissen, Fledermäuse, Gartenschläfer oder Haselmäuse die angebotenen Kästen.

Wer auf seiner ganzen Fläche einen steril gepflegten Rasen, baum- und strauchleer und umgeben von einem Drahtzaun, sein Eigen nennt, der investiere sein Geld besser in einen leiseren Rasenmäher, um wenigstens seine Nachbarn nicht übermäßig zu stören. Mit Nistkästen dorthin gelockte Vögel sind der prallen Sonne und vor allem akutem Nahrungsmangel ausgesetzt!

Die Vögel des Gartens haben sich seit Jahrtausenden an die Menschen, Siedlungen und die umgebenden Kulturlandschaften angepasst. Wer in der heutigen Zeit in seinem Garten der natürlichen Vielfalt eine Chance geben möchte, sollte sich gedanklich in die traditionelle Kulturlandschaft versetzen. Vor Jahrzehnten bewohnten weit mehr Vogelarten als heute Gehöfte, Scheunen, Siedlungsränder und Kirchtürme. Die Kulturlandschaft war früher vielfältiger und weiträumig. Zahlreiche Vogelarten besiedelten gebüschreiche Weinberge mit ihren Stützmauern. Auch die Streuobstgärten mit ihren alten, hochstämmigen Birn- und Apfelbäumen boten mit ihrer dichten Verzweigung Amseln und Wacholderdrosseln, in den Ast- und Stammlöchern Meisen und Kleibern sowie Grün-, Grau-, Bunt- und Kleinspechten Nistgelegenheiten. Wer kann sich heute noch vorstellen, dass noch vor 50 Jahren in der Kulturlandschaft Wiedehopf und Blauracke weit verbreitet waren?

Am wenigsten scheu und damit am leichtesten anlockbar ist ein **Kohlmeisen**pärchen. Gerne hört man den Frühlingsruf des Kohlmeisenmännchens: »Zizibe, zizibe« oder »Benediktus, Benediktus« oder nur »Ziwett, ziwett« oder nur »Diwitt, diwitt«. Die kluge Kohlmeise erkennt sogleich, ob man es gut mit ihr meint, und lässt bei einem entsprechend gebauten Nistkasten später auch ihr Nest, die Eier und die Jungen ohne Scheu besichtigen. Gelegentlich gelingt auf Giebelbalken, Brettchen unter Balkonen oder in Nischenbrüterkästen auch

*Dreieckige Meisenkästen weisen zwar den Regen besser ab, erschweren aber den Vogeleltern den Zugang zu den Jungen (Foto: J. Gepp).*

*Das bunte Nest der Kohlmeis im Garten enthält außer Mo auch vielerlei Wollfäden vo Kleidungsstücken un Teppichen sowie Haare vo Hunden und Katze*

# Kohlmeisengelege

noch eine Ansiedlung des Grauschnäppers, des Hausrotschwanzes, ja sogar der munter trippelnden Bachstelze, wenn sich in der Nachbarschaft weitere Gärten mit Sträuchern und Obstbäumen und vielleicht auch einige Wasserflächen befinden. Vielleicht will sich auch eine Schwalbe – oder Mauerseglergruppe unterm Dach einnisten?

Ein **Blaumeisen**pärchen ansiedeln zu wollen, ist schwierig, denn dieses will emsiger als die Kohlmeise an ausreichend großen Obstbäumen in der Umgebung kleine Raupen, Läuse und Spinnen für die Aufzucht seiner Jungen finden können. Solche Bäume dürfen natürlich nicht mit Schädlingsbekämpfungsmitteln gespritzt werden! Kohlmeisen wollen Blaumeisen in ihrer direkten Nähe nicht dulden. Wo es ein größerer Garten ermöglicht, probiere man es aber doch mit einem Blaumeisennistkasten (mit 3 runden Fluglöchern von 27 mm Durchmesser), so weit es geht vom Kohlmeisennistkasten entfernt. Ideal ist es, wenn man nicht allzu weit voneinander 2 oder gar 3 Nistkästen für Kohlmeisen und ebensoviele für Blaumeisen aufhängen kann. Es wird dann kaum noch gestritten. Den zweiten Kasten benützen die Männchen zum Nächtigen, die Kohlmeise auch für die 2. Brut. Die Blaumeise macht heute selten mehr als eine 2. Brut, wahrscheinlich wegen bestehenden Insektenmangels. **Sumpfmeisen** (27 mm Fluglochweite) brüten nur noch selten in Gärten, die **Tannenmeise** (27 mm Fluglochweite) nur nahe dem Waldrand, obwohl diese beiden Meisenarten im Winter die Fütterungen im Garten gern besuchen. Viele alte Bäume mit rauher Borke sind die Voraussetzung für das Vorkommen des **Kleibers**. Der **Gartenbaumläufer**, den man gelegentlich ältere, hochstämmige Obstbäume aufwärtshuschen sieht, findet in unseren Gärten selten noch einen geschützten Winkel hinter abgestorbener Rinde oder hinter den Brettern eines Gartenhäuschens, um seine Jungen aufziehen zu können.

**Star**enkästen (Fluglochdurchmesser 46 mm), hoch an einer Stange angebracht, werden nach wie vor immer gern bezogen. Das Starmännchen kommt schon Ende Februar und im März. Es erfreut uns besonders durch seinen markanten Gesang, der von Pfeiftönen begleitet wird. Es lockt mit seinem lustig aussehenden Flügelrudern, auf dem Nistkasten sitzend, ein Weibchen zum Bleiben an. Sichtbar auffällig räumt es das alte Nistmaterial aus dem vergangenen Jahr aus dem Kasten heraus. Im Gegensatz zu den anderen Gartenvögeln holt der Star das Futter für seine Jungen auf Wiesen und Feldern, besonders dort, wo frisch gemäht wurde.

**Haus- und Feldsperlinge** beziehen im Garten ungern niedrig auf Bäumen hängende Nistkästen, sondern suchen sich sicher erscheinende Schlupfwinkel hoch unter den Dächern der Häuser (Haussperling) und in Astlöchern alter Bäume (Feldsperling). Seit zumindest 10.000 Jahren leben die Haussperlinge in der nächsten Nähe des Menschen und nutzen die Nischen seiner Behausungen für ihre Nester. Das schwarmhafte Auftreten in Getreidefeldern brachte ihnen 1559 den Kirchenbann ein, Friedrich der Große setzte auf jeden Spatzen ein Kopfgeld aus, und 1870 wurde zur völligen Ausrottung der Haussperlinge aufgerufen. Als „Allerweltsvogel" war er bis heute nicht klein zu kriegen. Heute leidet er vor allem unter dem Gartentrend zu exotischen Pflanzen und dem Fehlen strukturreicher Feldränder und wurde daher zum Vogel des Jahres 2002 erklärt.

*Eichhörnchen nagen tagelang an Einschlupflöchern, um zu Vogeleiern und -jungen zu gelangen.*

*Ein Blechschutz vor dem Einschlupfloch schützt zumindest vor eiraubenden Eichhörnchen und Spechten.*

*Ein zusätzlicher Holzaufbau vor dem Einschlupfloch kann dem Eichhörnchen widerstehen, das Einflugloch sollte aber innen glatt gefeilt sein (Fotos: J. Gepp).*

*Die Blaumeise baut im Gart ihr Nest mit wenig Mo und kaum Bast, aber viel Wo von Hunden und Katz sowie ausgeschüttel Bettfedern. Sie legt im Wa mehr Eier als im Garte*

Blaumeisengelege

Trotz seiner „Körnergier" ist der Feldsperling zur Zeit der Jungenaufzucht ein fleißiger Schädlingsvertilger. Die Jungen werden in den ersten Tagen ausschließlich mit tierischer Nahrung, insbesondere Raupen, gefüttert. Die erwachsenen Haussperlinge fressen hauptsächlich Körner und Samen, in städtischen Bereichen sind sie wenig wählerische Allesfresser. In städtischen Parkanlagen führt die Bevorzugung exotischer Baum- und Straucharten sowie die sterile Rasenpflege und das Laubsaugen im Herbst zu einem akuten Nahrungsmangel. Die Haussperlinge sind bereits nach einem Jahr geschlechtsreif und leben zumeist in „Dauerehe".

*Die Rotkehlchengelege werden in halboffenen und bodennahen Nestern in Gärten vor allem von Katzen geplündert (Foto: J. Gepp).*

Die Vogelarten, die in Nistkästen im Garten brüten, kommen alle auch im Wald oder am Waldrand in Nistkästen vor. Das Nistmaterial ihrer Nester unterscheidet sich am deutlichsten bei Kohl- und Blaumeise, welche im Garten weniger Moos, dafür aber mehr Wolle und Fasern von Teppichen, Kleidungsstücken, Türvorlegern sowie ausgekämmte Hundehaare und ausgeschüttelte Bettfedern verwenden. Sumpf- und Tannenmeise weichen im Nestbau nicht von ihren im Wald bauenden Artgenossen ab. Der **Kleiber** verwendet Rindenstücke von Obstbäumen, und im **Gartenbaumläufer**nest findet man dieselben Blattstengel, Moosteilchen, Haare und Federn wie im Laubwald. Haus- und Feldspatzen holen als Material für ihre umfangreichen Nester vorwiegend Grashalme und Federn, aber auch Stoffreste, Wolle, Papierstücke und vieles andere mehr aus der näheren und weiteren Umgebung zusammen. Starennester werden genau wie im Wald aus derbem Stroh und, wenn möglich, einigen größeren Federn gebaut. Wenn **Haus-** und **Gartenrotschwanz** beim oder am Haus ihre Nester bauen, besteht das Nistmaterial aus vielerlei Abfallstoffen, so aus Wollfasern, Federn, Haaren und Resten von Taschentüchern und Zigarettenfiltern. Die **Bachstelze** baut am Haus dasselbe umfangreiche Nest wie an der Waldhütte und fügt auch Wollreste und Federn ein.

Wenn im Garten die Gänseblümchen und der goldgelbe Löwenzahn blühen, vielleicht auch einjährige Blumen wie Cosmea und Astern gesät werden und auch ein Weigeliastrauch wächst, erlebt der Garten- und Vogelfreund vom Frühjahr bis zum Herbst auch einige Vogelgäste, die zwar selten bei ihm nisten, aber bei ihm ihr Futter holen: So die Grünfinken, die milchigreifen Samen von Gänseblümchen und Löwenzahn sammeln, die Distelfinken, die Samen des Vergißmeinnichts und später der Cosmeablume und die Gimpel die Weigeliasamen fressen. Reifende Mohnkapseln picken Distelfinken und Sumpfmeisen unten an, um die kleinen Samenkörner herauszuholen; Grünfinken, Kohl- und Sumpfmeisen plündern gern Sonnenblumen. All diese natürlichen Futterquellen sind bis zum Herbst von den Vögeln fein säuberlich abgeerntet, so dass Kälte und Schnee zu dem winterlichen Vogelfütterungen mahnen.

Vogelfreundliche Gartenbesitzer umgrenzen ihr Grundstück mit dichten Hecken, worin die Amsel, das Rotkehlchen und der Zaunkönig Nistmöglichkeiten vorfinden. Neben den Versteckmöglichkeiten bieten Hecken mit heimischen Baum- und Straucharten im Winter Beeren und im Sommer ein großes Angebot an Insekten. Wer bei der Errichtung von Nistgelegenheiten in Hecken nachhelfen möchte, bindet mehrere versteckte Astgabeln zusammen oder legt Fichtennadelreisig in das Dickicht der Heckenzweige.

*Geräumige Nistkästen ermöglichen es der Blaumeise, neben den Jungen Platz zu finden und sie bei Regen mit dem nassen Gefieder nicht zu berühren.*

Blaumeisen in Holzbetonhöhle

# Geeignete Vogelnistkästen für den Garten

Wenn gegen Winterende der Vogelgesang wieder erwacht, werden viele Vogelfreunde angeregt, Vogelnistkästen zu basteln. Dies um so mehr, wenn sie mit handwerklichem Geschick begabt sind. So sieht man vielerorts an den Bäumen in den Gärten wie auch an Schuppen und Hauswänden die verschiedensten Vogelnistgeräte hängen. Daneben gibt es auch ältere Handwerker, die in Heimarbeit für Samenhandlungen Nisthöhlen aus Birken- und Erlenstammstücken und Bretterkästen anfertigen. Leider sind die Innenräume für die Vogelbruten meist viel zu eng, besonders für die vielen jungen Meisen, die sich gegenseitig beengen und zu früh ausfliegen oder überhitzen und an heißen Tagen qualvoll verenden. Auch die Fluglochmaße stimmen selten. Mit dreieckigen Nistkästen spart man zwar eine Brettseite, doch bei höher gebauten Nestern, vor allem der Blaumeise, haben die Jungen viel zu wenig Platz. Geöffnet werden können sollten die Kästen stets von vorn oder von der Seite, nie von oben (Wespe, Fledermaus). Auch ein Stänglein unter dem Fluglochsieht zwar niedlich aus, und der Star sitzt darauf und singt. Ebenso gern sitzt er auf dem Nistkastendach und singt, so dass das Stänglein nicht unbedingt nötig ist. Die Fluglöcher reibe man mit Schmirgelpapier aus, damit sie alle schön rund und glatt sind und das Gefieder der so oft zum Füttern einschlüpfenden Altvögel nicht abgeschabt wird.

*Die Holzbetonnisthöhle (Typ Schwegler 2M) gibt es in den Farben Braun, Grün, Weiß un Rot.*

Außer den unzulänglichen Holznistgeräten bieten alle paar Jahre immer wieder andere kunststoffverarbeitende Firmen gestanzte Nisthöhlen an, die jedoch keine Verbreitung finden können, weil Kunststoff in der Sonne sogleich heiß wird und das Material völlig glattwandig ist, so dass die Vögel beim Aus- und Einschlüpfen abrutschen. Doch aus Wohnungsnot werden manchmal auch diese Geräte bezogen, aber kaum eine Vogelbrut kommt in solchen Geräten zum Ausfliegen.

Versuche mit flacheren Vogelnistkästen ergaben, dass unsere höhlenbrütenden Singvögel statt nach dem Flugloch hinab lieber gleich waagerecht zu ihren Jungen hüpfen wollen. Dann haben sie auch Platz beim Füttern und berühren bei Regenwetter ihre Jungen nicht mit nassem Gefieder. Es wurden jahrelang mit Hunderten verschiedenen Kästen Einzel- und Serienversuche unter vielerlei Bedingungen durchgeführt. Daraus ergab sich die Entwicklung eines sehr zweckmäßigen Nistkastens, den jeder Gartenfreund mit geringstem Holzbedarf, absoluter Katzen- und Mardersicherheit, ausreichendem Brutraum und einfachster Reinigungsmöglichkeit selbst basteln kann. Damit keine Feuchtigkeit ins Holz dringt, sollte der fertige Kasten mit Firnis oder Ölfarbe (nicht Karbolineum) gestrichen werden (nicht ins Flugloch streichen!). Wenn der Kasten alle 4-5 Jahre gestrichen wird, hält er bis zu 25 Jahre.

*In Intensivkulturen des Obstbaues sollen standardisierte Meisenkästen helfen, zur Schädlingsdezimierung beizutragen (Foto: J. Gepp).*

Ein rundes Flugloch von 34 mm Durchmesser eignet sich hauptsächlich für unsere häufigste Meise, die Kohlmeise, aber auch für Gartenrotschwanz, Trauer- und Halsbandschnäpper, Kleiber und Wendehals sowie den Haussperling, weshalb es keinen spatzensicheren Kohlmeisenkasten gibt. Die Nischenbrüter erhalten 2 ovale Fluglöcher mit je 3 x 5 cm Größe. Die kleinen Blau- und Tannenmeisen bevorzugen ein rundes Flugloch von genau 27 mm Durchmesser; hier sind sie vor Verdrängung durch die größere Kohlmeise und den Kleiber sicher. Fluglöcher mit nur 26 mm Durchmesser sind für die kräftigen Blaumeisenmännchen schon zu eng. Auch der Feldsperling kann durch ein 27-mm-

# Meisennistkasten aus Holz

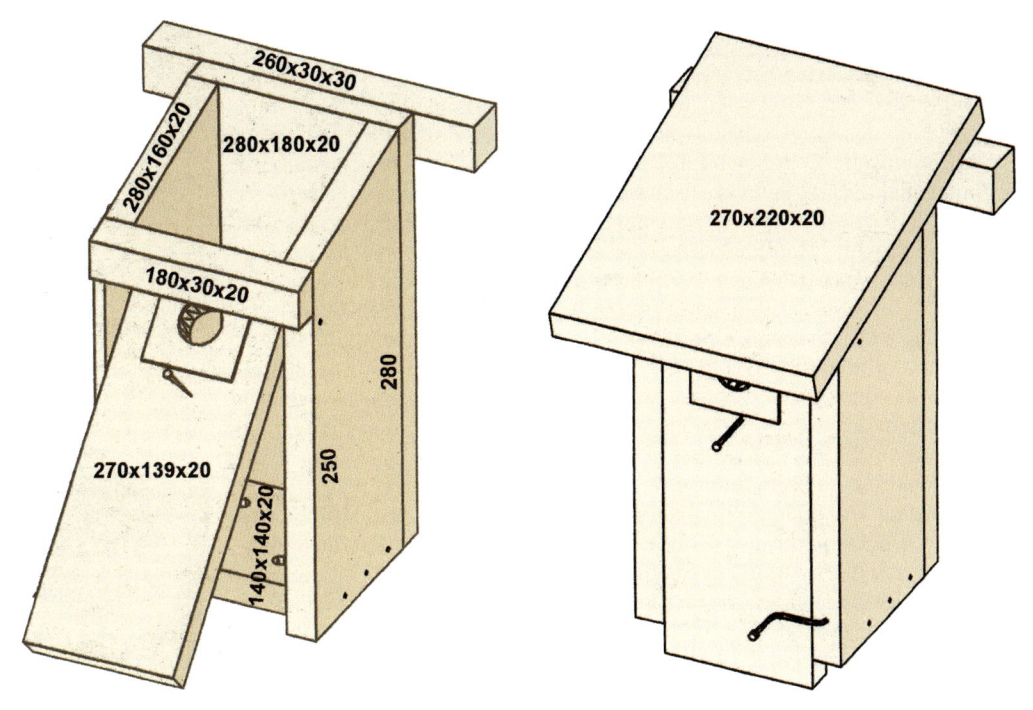

**Maße eines geräumigen Viereckkastens aus Holz für Meisen:**

|    | Teile      | Anzahl | Maße l x b x d in mm    |
|----|------------|--------|-------------------------|
| 1. | Seiten     | 2 Stk. | 280(250)x160x20         |
| 2. | Boden      | 1      | 140x140x20              |
| 3. | Rückwand   | 1      | 280x180x20              |
| 4. | Tür        | 1      | 270x139x20              |
| 5. | Leiste     | 1      | 180x30x20               |
| 6. | Dach       | 1      | 270x220x20              |
| 7. | Leiste     | 1      | 260x30x30               |
| 8. | Blech      | 1      | 60x60x02                |
|    | Nägel      | 23     | 60 mm lang              |
|    | Nägel      | 4      | 20 mm lang              |
|    | Nägel      | 14     | Dachpappennägel         |
|    | Dachpappe  | 1      | 300x260                 |
|    | Einflugloch| 1      | mit 27-34 mm Durchmesser|

Flugloch einschlüpfen und gelegentlich als Konkurrent auftreten, baut jedoch wegen seines umfangreichen Nistmaterials viel lieber in Kästen mit größeren Fluglöchern.

Wo in Parks und Gärten Eichhörnchen und Buntspecht vorkommen, müssen die Fluglöcher der Nistkästen durch Blechschilder mit 28 bzw. 35 mm Fluglochdurchmesser geschützt werden (je 1 mm mehr als das Flugloch selbst im Holz, damit die Vögel sich Füße und Gefieder an dem scharf gestanzten Blechrand nicht verletzen bzw. abschaben). Eine Aufhängeleiste aus Hartholz (Buche oder Eiche) erhält oben und unten ein rundes Blech mit Nagelöse; so schlitzt das Holz nicht, und der Nagel wächst nicht ein. Wer will, kann seine Nistkästen auch frei schwebend an einen waagrechten Ast hängen, unter dem Dach rechts oder links eine Ösenschraube anbringen, dann einen Draht oder ein Plastikseil durchziehen. Durch einen Lichtschlitz rechts und links unter dem Dach, der ungefähr 10 cm lang, aber nicht tiefer als 1,5 cm sein darf, dringt etwas mehr Helligkeit in das Nistkasteninnere als nur durch das Flugloch allein.

*Auf Hauswänden – oder bei Neubauten versenkt – bietet de Sperlingskoloniehaus (Typ Schwegler 1SP) sowohl dem Haus- als auch dem Feldsperling, mitunter auch dem Hausrotschwanz und dem Grauschnäpper Nistgelegenheit.*

## Holznistkästen zum Selbstbauen

Nisthöhlen aus Holz: Der Selbstbau von Nistkästen ist aus zwei Gründen zu empfehlen: Bei Gartenbesitzern mit Kindern im Schulalter fördert die Selbstanfertigung und die Bastelfreude langfristig den Betreuungswillen für die Nistkästen und deren Bewohner. Einen anderen Grund zum Selbstbauen haben Waldbesitzer, die normale Bruthöhlen in großer Anzahl benötigen und diese in eigenen Sägewerken bzw. Werkstätten billig anfertigen und reparieren können. Materialhinweise für den Selbstbau: Für die meisten Nistkästen sind 2 cm starke ungehobelte Bretter aus Nadelholz zu empfehlen. Sie werden außen mit Leinöl imprägniert und das Dach aus Haltbarkeitsgründen mit einem Teerpappeblatt oder einem Stück Glasfaserplatte abgedeckt.

## Holzbetonnisthilfen im Handel

Vorgefertigte Nisthöhlen zum Kaufen: Der Handel mit vorgefertigten Nistkästen birgt viele Vor- und manche Nachteile. Je nachdem, ob Fachwissen oder einfach Geschäftstüchtigkeit das wesentliche Motiv für den Verkauf von Nistkästen sind. Der fachlich versierte Handel bietet artgerechte, haltbare und leicht zu reinigende Nistkästen an. Manche Billigangebote stellen sich bald als ungeeignet heraus, ja können unter Umständen sogar zu Todesfallen werden, wenn die Imprägnierungslacke stark gifthältig und die Innenwände zu glatt sind oder das Nistkastenvolumen zu klein ist. Bei manchem modisch zierlichbunten Nistkasten steht naive Lieblichkeit im Vordergrund, für den eher Plastikvögel passend wären.

Der hoch spezialisierte Fachhandel kann mitunter auf jahrzehntelange Erfahrung hinweisen und vor allem auf ein breit gefächertes Sortiment. Die große Formenfülle angebotener Nistkästen kann aber auch verwirren. Als Faustregel für den unerfahrenen Laien gilt, ausschließlich Singvogel-Nistkästen für häufige Gartenvögel (Meisen, Spatzen, Rotschwänze, Star) zu erwerben. Der Umgang mit Spezialnistkästen benötigt schon wegen der Standortwahl langjährige Erfahrungen und auch wegen der Seltenheit gefährdeter Arten fachmännische Beratung.

*Halbhöhlen werden an einer möglichst glatten Hauswand i einem 90°-Winkel zur Wand a gebracht, um Nesträuber fernzuhalten.*

*Spezielle Nischenbrüterhöhler sind auch in Stützmauern, Kräuterspiralen und Schulmauern integrierbar.*

Feldspatzengelege

*Spatzen lieben Hühnerfedern aller Farben sehr. In diesem Feldspatzennest ist das zuletzt gelegte Ei, wie so oft, auffallend heller gefärbt. Die typische Nestüberwölbung wurde für dieses Foto abgeschnitten.*

# Kontrolle der Vogelnistkästen im Garten

Die Kontrolle der Vogelnistkästen im Wald wird als wichtige Maßnahme der forstlichen Vogelansiedlung geschildert und stellt bei einer großen Anzahl Nistkästen eine jährlich nur einmal durchzuführende Maßnahme im September dar. Der Gartenbesitzer dagegen hat nur wenige Vogelnistkästen in seiner nächsten Umgebung hängen und kann sich daher ständig um sie kümmern und sie beobachten. Mit wenig Zeitaufwand ist er in der Lage, seine Nistkästen auch während der Brutzeit und Jungenaufzucht nachzusehen. Die je nach Vogelart mit etwas anderem Nistmaterial gebauten, schönen Nester, die zarten Eier und heranwachsenden Jungen anzusehen, vermitteln ihm viele schöne, lehrreiche und bleibende Eindrücke. Wenn er z. B. einen seiner zweckmäßig konstruierten oder selbst hergestellten Nistkästen vorsichtig vom Baum nimmt und öffnet und eine von der Winterfütterung her bekannte und zahme **Kohlmeise** brütend im Nest sitzen sieht und diese zutraulich auf ihren Eiern bleibt und nicht wegfliegt, so kann man auch Kinder an diesem Ereignis teilhaben lassen. Solch ein Erlebnis vergessen Kinder meist nicht wieder, und ihre Liebe zur Tier- und Vogelwelt wird hierbei schon in jugendlichen Jahren geweckt.

*Gartenrotschwanzmännchen mit Futter am Nischenbrüterkasten mit 2 ovalen Fluglöchern.*

*Acht Tage alte Hau‑ rotschwänze, 1 Tag v‑ dem Durchbruch der Flüg‑ federspitzen durch d‑ Blutkiele. Zum Nestb‑ verwendeten die Alt‑ Fasern von einem Kokosv‑ leger, so dass das N‑ ein helles Aussehen beka‑*

Hausrotschwänze 8 Tage alt

Man erklärt den Kindern, dass das Meisenweibchen ungefähr in einer Woche das ganze Moosnest samt der gut mit Wolle ausgepolsterten Nestmulde allein baut, wobei es vom Männchen begleitet wird. Nach Fertigstellung legt das Weibchen dann früh, gleich nach Tagesanbruch jeden Tag ein Ei, im Durchschnitt 8-12, selten mehr, eher weniger. Nach Ablage des letzten Eis wird die Nestmulde sorgfältig und fest geformt, und von da an werden die Eier nicht mehr mit Nistmaterial zugedeckt, wie es vor der Bebrütung geschah. Ist die brütende Kohlmeise nicht anwesend, so erfreut man sich am Anblick der schön punktierten sauberen Eier in der Nestmulde, deren Zahl man so ermitteln kann. Der Nistkasten wird alsdann wieder geschlossen und vorsichtig an seinen Platz gehängt. Aus 20-30 m Entfernung kann man beobachten, dass die brütende Meise alle 5-15 Minuten das Nest bis zu einer Viertelstunde verlässt, um sich zu bewegen und etwas Nahrung zu suchen.

Vom Männchen wird das Kohlmeisen-Weibchen seit Nestbaubeginn bis zum Schlüpfen der Jungen nach 13-14 Tagen Brutzeit zusätzlich gefüttert. Die Jungen schlüpfen alle von einem auf den anderen Tag, zuletzt das Junge aus dem zuerst gelegten Ei, das am längsten kalt im Nest lag und daher am längsten zu seiner Entwicklung brauchte. Das Weibchen nimmt die Eischalenhälften im Nest auf, fliegt damit weg und lässt sie nach 10-15 m fallen. Je nach kühlem oder warmem Wetter bleibt das Weibchen anfangs ununterbrochen auf den Jungen sitzen, und nur das Männchen bringt zarte Räupchen für sie und die noch wenig Futter benötigenden Jungen. Die rosaroten, nackten Jungen der Kohlmeisen haben auf Kopf, Schultern und Rücken etwas feinen, weißen Flaum. Sie wachsen rasch heran. Schon am 4.-5. Tag kann bei trockenem und warmem Wetter auch das Weibchen Futter herbeischaffen und lässt die noch blinden Jungen jeweils einige Minuten allein, um sie anschließend wieder zu wärmen. Jetzt sieht man schon an den Flügeln und auf dem Rücken die dunklen Federkiele durch die Haut schimmern. Von nun an geht das Wachstum sehr rasch vor sich. Die Eltern füttern die Jungen täglich über zweihundertmal, genau wie im Wald auch. Bereits mit 8-9 Tagen sind die ihre Augen jetzt öffnenden Jungen soweit befiedert, dass sie bei warmem Wetter nachts von der Mutter nicht mehr gewärmt werden und diese außerhalb des Kastens übernachtet. Zwischen dem 11. und 12. Tag brechen die Federn der Flügel und des Schwanzes durch die Hülsen der bis dahin geschlossenen Blutkiele und wachsen täglich 2 mm. Nun beginnen die Jungvögel auch ihre Futterbettellaute zu üben. Um diese Zeit kann man zu den Jungen noch hineinsehen, sie sträuben die Kopffedern und drücken sich in die gedehnte Nestmulde. Mit 15-16 Tagen sind sie jedoch schon so weit, dass sie bei Störungen munter umherblicken oder sich nur in die Nestmulde drücken, um bei Berührung nacheinander aus dem Nistkasten flattern zu können. Solche Jungen sind dann meistens verloren, weil sie zur Erde flattern, da Flügel und Schwänze noch nicht lang genug sind, um hoch in einen Baum zu fliegen. Ein Zurücksetzen in das Nest nützt nichts; wenn sie ihr Nest einmal verlassen haben, wollen sie nicht wieder hinein. Es sei daher dringend abgeraten, nach dem 11. bis 12. Lebenstag einer Meisenbrut noch einmal in den Nistkasten zu schauen. Man wartet ihren 19.-20. Lebenstag ab, den Tag ihres ungestörten Ausfliegens. Das geht dann nicht stillschweigend vor sich, denn die Elternvögel locken unentwegt, und die ausgeflogenen Jungmeisen betteln laut um Futter. Ist eine auch im Sommer mit

*4-5 Tage alte Kohlmeisenju gen zeigen an den Flügeln u am Rücken dunkle Federkiel*

4–5 Tage alte Kohlmeisen

Futter beschickte Futterstelle in der Nähe, dann leiten die Altvögel die flüggen Jungen sogleich dorthin, um sie mit dieser Futterquelle bekannt zu machen.
Nun ist für den Gartenbesitzer wichtig, dass er das niedergetretene, verbrauchte Nest, das meist auch noch etwas Kot und Vogelflöhe enthält, herausnimmt, weit entfernt und den wieder geschlossenen Nistkasten durch das Flugloch mit einem ungiftigen pyrethrumhaltigen Sprühmittel ganz kurz einsprüht. Es kann nämlich sein, dass das alte Kohlmeisenweibchen, das im Garten in der Regel zweimal jährlich brütet, nach wenigen Tagen im selben Nistkasten schon wieder mit einem neuen Nestbau beginnt, falls es sich nicht einen bisher noch leer gebliebenen Nistkasten in der Nachbarschaft ausgewählt hat. Die ausgeflogenen Jungen werden nur noch 3-4 Tage vom Weibchen mitgefüttert und dann ungefähr noch 8-10 Tage ausschließlich vom Männchen.
Bei einer 2. Brut ist das Nest nicht mehr so umfangreich, sondern flacher und dürftiger gebaut und enthält durchschnittlich nur noch 5 bis höchstens 8 Eier, da es nicht mehr wie in früheren Zeiten überall ein reiches Insektenleben gibt, mit dem das Eiweiß für die Eier gebildet wird. Wo der Vogelfreund eine ständige Zusatzfütterung unterhält, ist ihm eine 2. Kohlmeisenbrut gewiss. Die Blaumeise dagegen hat von Anfang an schon weniger und kleinere Eier und brütet im Garten und Wald nur einmal. Auch Sumpfmeise und Kleiber haben nur einmal im Jahr Junge.
Die **Nischenbrüter** unserer Gärten, die als Brutplatz einen Balken unter dem Dach oder ein Brettchen unter dem Balkon immer einem Nischenbrüterkasten vorziehen, sind am Nest den Menschen gegenüber wesentlich empfindlicher als Kohl- und Blaumeise im geschlossenen Nistkasten. Sie warnen gar sehr und ängstlich, wenn man eine Leiter anstellt, um nach ihrem Nest zu sehen. Man begnüge sich daher hauptsächlich mit dem Beobachten aus einiger Entfernung. Über Nester, Eier usw. bediene man sich der entsprechenden Schilderungen und Abbildungen im Waldteil dieses Buches. Die Nischenbrüter haben wie die Meisen ebenfalls eine 13-14tägige Brutzeit. Die geringe Zahl an Jungen wächst etwas rascher heran und fliegt frühzeitiger aus. Bei den jungen

*Die in Großmärkten und Gartencentern angebotenen Nistkästen sehen mitunter nett aus, sind aber aus verschiedenen Gründen wenig brauchba Aus Kunststoff bestehende Nis kästen erwärmen sich an der Sonne übermäßig, wodurch di Vogelbrut durch Überhitzung zugrunde gehen kann. Zumeis sind die Innenräume der Billig kästen mit 10x10 cm Grundfläche zu klein für die meisten unserer Gartenvögel.*

15–16 Tage alte Kohlmeisen

*15-16 Tage alte Kohlmeisen sollten von diesem Alter an im Nistkasten nicht mehr betrachtet werden, da die Gefahr eines zu frühen Herausflatterns immer größer wird.*

**Hausrotschwänzen** brechen die Spitzen der Flügelfedern bereits nach 9 Tagen durch die Hülsen. Bei Störungen flattern sie schon mit 12 Tagen aus dem Nest, hüpfen dann auf dem Boden im Garten umher und werden meist ein Opfer der Katze oder kühler und nasser Witterung. Bei jungen **Gartenrotschwänzen** dagegen brechen die Flügelspitzen erst 2 Tage später durch. Das hängt zeitlich auch von der Wärme oder Kühle in diesen Entwicklungstagen und der damit verbundenen wenigeren oder reichlicheren Nahrung ab. Die Jungen der beiden Rotschwanzarten zeigen genau dasjenige Entwicklungsalter und den Zeitpunkt, von welchem an sie auf keinen Fall mehr behelligt werden dürfen, damit sie nicht zu früh ausfliegen. Normalerweise fliegen sie erst am 17. Lebenstag voll flugfähig aus.

Bei diesen beiden Vogelarten, wie auch beim Grauschnäpper, entfernt man das Nest nicht sogleich nach dem Ausfliegen der 1. Brut, weil es öfter vorkommt, dass das Vogelpaar aus Brutplatzmangel im selben Nest eine 2. Brut aufzieht. Hausrotschwanz und Grauschnäpper haben bei schönem, sonnigem Sommerwetter und reichlichem Insektenangebot auch schon 3 Bruten aufgezogen, was aber nicht die Regel ist. Die Bachstelze, die auch 2 Bruten macht, baut gern so umfangreiche Nester, dass der Platz für eine 2. Brut im selben Nest nicht ausreicht.

Für alle Singvogelarten ist es die Regel, dass wenn aus irgendeinem Anlass Gelege oder Junge umkommen, in Bälde in einem anderen Nistkasten in der Nähe Nachgelege erfolgen.

Der **Wendehals** kommt erst Mitte bis Ende April aus Zentralafrika (bis zum Äquator) zurück und macht sich sogleich auf die Suche nach günstigen Bruthöhlen. Das Männchen ist so eifrig bei der Sache, dass es sich nicht daran stört, wenn schon ein Kohlmeisennest mit Eiern oder sogar Jungen vorhanden ist und die Kohlmeiseneltern fürchterlich zetern. Der Wendehals schmeißt kurzerhand alles aus dem Flugloch hinaus, denn sein Weibchen legt seine Eier einfach auf den blanken Nistkastenboden. Ein kleiner Rest Moos hält manchmal die Eier zusammen. Das Wendehalsweibchen kann aber auch seine Eier so geschickt hineinlegen, dass sie nicht auseinanderrollen.

Wichtig für den Wendehals ist das Vorhandensein von möglichst vielen Haufen der Schwarzen Rasenameisen *Lasius niger* und Gelben Wiesenameisen *Lasius flavus*, denn deren Puppen benötigt er für die Aufzucht seiner Jungen.

Dort, wo noch ungespritzte Streuobstwiesen vorhanden sind, hört man im April, Mai und bis in den Juni hinein hie und da das eintönige „Geleier" „di di di di" in rascher Folge, den Paarungsgesang des Wendehalses. Aber auch diese für ihn günstigen Biotope verschwinden immer mehr aus der Landschaft, und das letzte Refugium sind Haus- und Obstgärten, in denen das Gras mit der Sense höchstens zweimal jährlich gemäht und nicht dauernd mit dem Rasenmäher kurzgeschoren wird, so dass sich die Ameisenhaufen noch entwickeln können. Hat man das Glück, dass ein Wendehals seine reinweißen Eier in einen Nistkasten im Garten gelegt hat, achte man ganz besonders darauf, dass den Ameisenhaufen nichts passiert. Man kann zur „Belohnung" die sehr interessante Aufzucht der jungen Wendehälse miterleben. Der Wendehals ist nämlich gar nicht empfindlich gegen leichte Störungen, er bleibt oft sitzen, wenn man den Nistkasten vorsichtig öffnet, oder kehrt nach Wegfliegen gleich wieder zurück. An dem Gedeihen der kleinen lehmigen Erdnester der Ameisen kann der Wendehals ermessen, wie

*Für den Wendehals empfiehlt sich eine Holzbetonnisthöhle mit vergrößertem Brutraum (Typ Schwegler Nisthöhle 3SV und Marderschutz durch ein vorgezogenes Einflugloch.*

*Der Wendehals legt sei[ne] schneeweißen Eier fast a[uf] blanken Boden; mitunter zie[ht] er aber vorgeformte Neste[r] anderer Höhlenbrüter v[or] (links ober[)]*

*Im materialarmen Nest dränge[n] sich die jungen Wendehälse e[ng] zusammen, um sich gegenseit[ig] zu wärme[n]*

Wendehals: Eier und Jungvögel

lange es dauert, bis letztlich die Masse der Ameisenpuppen vorhanden ist, die er zur Aufzucht seiner Jungen benötigt. Danach richtet das Weibchen den Beginn des Eierlegens, was je nach Wetterlage bis zu 4 Wochen nach seiner Rückkehr aus dem Winterquartier dauern kann. Schlüpfen dann die Jungen, so darf kein Ameisenpuppenmangel eintreten. Bei jedem Futterflug tragen die Wendehalseltern bis zu 150 Ameisenpuppen im Schlund und Kehlsack ihren Jungen zu.

Bei Regen und Kühle ziehen die Ameisen ihre Puppen in das schützende trockene Erdreich zurück, so dass sie für die Wendehälse nicht erreichbar sind. Die jungen Wendehälse müssen und können dann 2 Tage hungern, was sie in jedem Alter zäh durchhalten. Dauert das kühle Regenwetter länger an, gibt es Brutausfälle.

Der Wendehals gehört zu den Spechtartigen (weiße Eier, kein Nestmaterial, 2 Zehen nach hinten, 2 Zehen nach vorn), ihm fehlt der Stützschwanz und der Schnabel ist weich. Er trägt ein schützendes Tarngefieder mit rindenbraunem Muster, ähnlich der Nachtschwalbe, die ebenfalls ein Zugvogel ist, aber kein buntes Gefieder hat wie die heimattreuen Spechtarten.

*Vielerorts fehlt den Schwalben zum Nestbau nasser Lehm und den Rauchschwalben fasriges Verbindungsmaterial. Ein Becher mit aufgeweichtem Lehm und einigen trockenen Gräsern kann helfen (Foto: J. Gepp).*

## NISTHILFEN AN GEBÄUDEN

Die **Rauchschwalbe** *(Hirundo rustica)* kehrt als Zugvogel oft schon im März, häufiger erst im April, aus Mittelafrika zurück und sucht, nachdem sie eine Strecke von 2.500 km über die Wüste Sahara und das Mittelmeer geflogen ist, gern ihren alten Nistplatz in einem Stallgebäude, einer Garage oder einem Hausflur auf. Es muss nur immer ein Fenster oder eine Luke offen stehen, wo sie jederzeit hinein- und hinausfliegen kann. Leider wird ihr die Nahrungsgrundlage, die nur aus kleinen Kerbtieren, hauptsächlich Fliegen und Spinnen besteht, immer mehr beschnitten, und in den heutigen hygienischen Viehställen mit glatt gekachelten Wänden und ohne jede Fliege findet die Rauchschwalbe kaum noch einen günstigen Platz für ihr Napfnest. Dabei liebt sie die Nähe der Menschen und erfreut uns sehr mit ihrem munteren Gezwitscher.

*Errichten Schwalben ihre Nester an ungeeigneter Stelle, so vermeidet ein kleiner „Schutzbalkon" unerwünschte Verschmutzungen (Foto: J. Gepp).*

Ihr Nest baut die Rauchschwalbe mit nasser, meist lehmiger Erde aus Dreckpfützen, die mit Speichel durchknetet und »bätzchenweise« zusammengemauert wird, wozu sie auch Strohhälmchen, Federn und Tierhaare mitverwendet, bis das Nest die Form einer Viertelkugel annimmt. Das Nestinnere wird mit Federn für Eier und Junge weich ausgepolstert. Als Halt für das Nest sucht sich die Rauchschwalbe gern einen Balken, ein Brettchen oder einen Lampenschirm. Sie nimmt aber auch Kunstnester aus Holzbeton an. Das Gelege besteht aus 4-5 weißen Eiern mit feinen graubraunen Flecken. Die Rauchschwalbe macht 2 Bruten. Wenn eine Brut verunglückt ist, aus welchem Grund auch immer, macht sie auch im August noch ein Nachgelege. Im September und Oktober ziehen die Rauchschwalben gemeinsam nach Afrika zur Überwinterung.

Die **Mehlschwalbe** *(Delichon urbica)* kehrt etwas später aus Afrika zurück, etwa Mitte bis Ende April, wenn sehr kühle Witterung herrscht auch erst Anfang Mai. Manchmal ziehen auch beide Schwalbenarten zusammen, aber immer nur in kleinen Trupps, damit sie bei Wetterunbilden auf dem Zug nicht alle umkommen. Die etwas kleinere und zartere Mehlschwalbe baut ihr Nest gern kolonieweise außen an grob verputzten Hauswänden unter dem Dachvor-

*Rauchschwalben bevorzugen einen halboffenen Brutnapf (Typ Schwegler, Rauchschwalbennest Nr. 10), der im Inneren von Gebäuden befestigt wird.*

## Vorgefertigte Schwalbennester

*Vorgefertigte Mehlschwalbennester (Typ Schwegler 9A) werden regengeschützt unter Dachvorsprüngen angebracht. Die geselligen Mehlschwalben benötigen zur Koloniegründung mehrere derartige Nisthilfen nebeneinander.*

*Rauchschwalbennester werden im Inneren von Gebäuden jeweils mit 1 m Abstand in zumindest 2 m Höhe befestigt. Sie werden jährlich von zwei bis drei Bruten besetzt (Fotos: Schwegler).*

*Um Fenster, Türen und darunter stehende Sitzbänke zu schützen, sind leicht montierbare Kotbretter (Typ Schwegler Kotbrett 9A) anzuraten.*

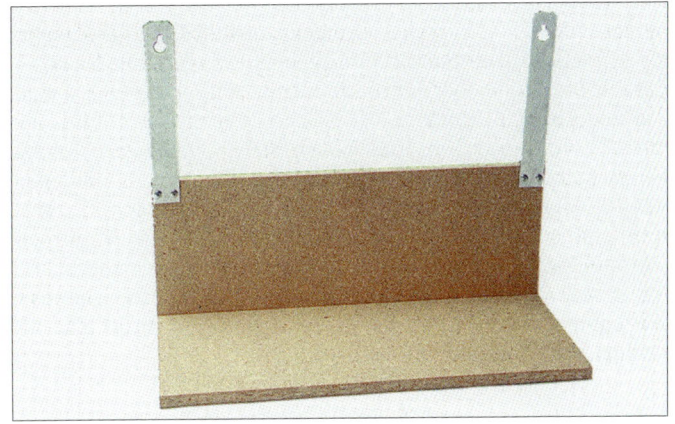

sprung. Ihr Nest ist eine Halbkugel mit nur seitlich einer kleinen, oben halbovalen Öffnung. Sie baut nie innerhalb von Gebäuden. Das Nestmaterial besteht auch aus nassem Lehm, den sie aus Pfützen holt und ebenfalls mit Speichel vermengt und sorgfältig und mühevoll bätzchenweise aneinandermauert. Sie verwendet dazu aber keine Strohhalme oder Federn. Die Mehlschwalbe beschränkt sich nicht auf ländliche Gebiete, sie baut ihre Nester auch an Hauswänden in Kleinstädten und stört sich oft nicht einmal am Verkehrslärm. Aber sehr zu schaffen macht auch dieser Schwalbe, die sich fast nur von kleinen fliegenden Insekten ernährt und damit auch ihre Jungen großzieht, der immer drastischer werdende allgemeine Mangel an Insekten.

*Mauersegler brüten üblicherweise in Nischen von Dachböden und auch in speziellen Mauerseglerkästen mit künstlichen Nestmulden.*

Künstliche Nisthilfen nimmt die Mehlschwalbe ebenso gern an, fühlt sich aber nur wohl in Gemeinschaft möglichst vieler »Nachbarn«. Das Gelege besteht meist aus 5 Eiern, und sie macht 2 Bruten, wenn es einen sonnigen Sommer gibt auch 3 Bruten. Leider machen ihnen manchmal nistplatzsuchende Hausspatzen ihre fertigen Nester streitig. Im September/Oktober ziehen die Mehlschwalben meist zusammen mit den Rauchschwalben nach Afrika, und man wird durch ihr eifriges leises Gezwitscher aufmerksam, wenn sie sich »sammeln« und dabei auf Fernsehantennen dicht nebeneinander sitzen, in Ermangelung der früher überall vorhandenen Telegrafendrähte.

*Mauerseglernestmulden (Typ Schwegler TMF) kann man alleine auch in kleinwinkligen Dachräumen auflegen.*

Die beiden Schwalbenarten sind durch den immer knapper werdenden Lebensraum, die vogelfeindliche Bauweise und den allgemeinen starken Rückgang an fliegenden Insekten, durch die vielen Giftanwendungen in der Landwirtschaft und in den Hausgärten in den letzten Jahren so stark benachteiligt worden, dass sie unsere Hilfe brauchen und auf ihre Nöte beim Nestbau und dem Nahrungsangebot aufmerksam gemacht werden soll.

Der **Mauersegler**, *Apus apus*, hat sich bei seiner Quartierwahl weitgehend an uns Menschen angepasst. An Dächern, in Mauerlöchern und in verschiedenen dunklen Hohlräumen von Gebäuden legt er ab Mitte Mai seine 2-3 weiße Eier. Der Mauersegler lebt ausschließlich von fliegenden Insekten und schwebenden Spinnen, die er in hunderte Kilometer weiten Flügen fängt. Mauersegler können tatsächlich die Nacht über in großen Höhen gleitend verbringen, also fliegend „schlafen". In Schlechtwetterperioden bleiben die Jungvögel bis zu eine Woche unversorgt, ohne dadurch zu sterben.

Mauersegler können durch Anbringen künstlicher Mauerseglerkästen an hochragenden Gebäuden zum Brüten veranlasst werden. Die Kästen sollten in mindestens 6 m Höhe über dem Erdboden so aufgehängt werden, dass ein freier An- und Abflug möglich ist. Die Kästen sollten aus asbestfreien Pflanzfaserbeton oder atmungsaktivem Holzbeton bestehen, im Inneren von Dachböden eignen sich auch Holzkästen. In einigen Siedlungen und Städten ist der Anbringen von Mauersegler-Grundbausteinen vorgeschrieben. Die Kästen sollten zu Reinigungszwecken öffenbar sein, wobei sich vorgefertigte herausnehmbare Nestmulden zur Reinigung besonders eignen. Auch Fledermäuse beziehen die Mauersegler-Kästen, für die eine Anflugschräge ein leichteres Erklettern des Kasteninneren ermöglicht. Bei der Anbringung der Brutkästen ist daher auf Erreichbarkeit für die Reinigung zu achten.

*Mauerseglerhäuser (Typ Schwegler 1MF) werden an den Hausaußenwänden aufgeschraubt, und durch eine zusätzliche Anflugschräge wird das Starten und Landen von Mauerseglern (aber auch von Fledermäusen) erleichtert.*

## Mauerseglerkästen für Gebäude

*Vorgeformte Mauerseglernester aus atmungsaktivem Holzbeton (Typ Schwegler Mauerseglernest Nr. 18) sind problemlos unter Dachvorsprüngen zu befestigen.*

*Der besonders witterungsbeständige Mauerseglerkasten aus Pflanzfaserbeton (Typ Schwegler Mauerseglerkasten Nr. 17) wird zumindest 6 m über Boden direkt an Hausfassaden, Kirchen, aber auch Industriebauten befestigt.*

*Vorgefertigte Mauerseglerkästen werden einzeln, in Zweier- und Mehrfachgruppen montiert. Sie sind leicht zu reinigen und sollten bei keinem Neubau fehlen!*

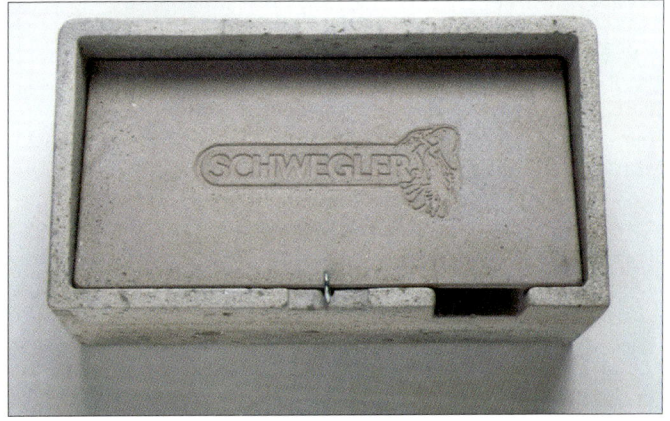

Für zahlreiche bedrohte Vogelarten haben Ornithologen spezielle Artenschutzprogramme gestartet und Erfahrungen mit Nisthilfen gesammelt. Eigeninitiativen für gefährdete Vogelarten zu setzen ist problematisch, wenn erfahrene Beratung fehlt. Nachfolgend eine grobe Übersicht einiger artspezifischer Nisthilfen für gefährdete Vogelarten. Interessierte mögen sich an vogelkundliche Gesellschaften um Beratung und Hilfe wenden.

Der **Turmfalke** besiedelt für ihn ausgehängte Kästen an Dachgiebeln von Feldscheunen, Kirchtürmen, Lagerhäusern etc. Am Boden der Höhlen sollte man eine 3 cm hohe Schicht aus Sägemehl oder Flusssand aufgetragen. Die Turmfalkennisthöhlen haben eine beachtliche Fluglochweite von 17x24 cm und können in baumlosen Gegenden auch einfach auf 3 m hohen Pfählen befestigt werden.

Kästen für **Schleiereulen** können an unterschiedlichen Gebäuden, hochragenden Industriebauten und Kirchtürmen (in min. 6-8 m Höhe) angebracht werden. Zu empfehlen sind erreichbare Gebäudeinnenseiten. Die Fluglochweite beträgt 14x19 cm. Das Gesamtausmaß eines Schleiereulenkastens beträgt 100x50x50 cm.

*Bei Industriebauten, Kirchtürmen, Brückenbauwerken etc. bewährt sich ein Baustein, de, ca. 40 cm im Quadrat misst. J nach Frontseite sind sie für Turmfalken (oben), mit 8 cm großem Flugloch für Dohlen (unten) und mit 6x3 cm großer Fluglöchern für Mauersegler geeignet.*

**Dohlen** brüten in Kolonien, so dass Dohlennisthöhlen in Serie mit 1-2 m Abstand von einander an Kirchen, Industriebauten und Wohngebäuden angebracht werden können. Die Fluglochweite beträgt 8 cm, die Mindestaufhängehöhe 6-8 m.

Für Eulen und Greifvögel werden in baumarmen Landschaften **Sitzkrücken** empfohlen. Dadurch lockt man die Mäusejäger in Bereiche, wo eine Mäusebekämpfung erwünscht ist. Es gibt auch Sitzkrücken mit Futterteller, um bei extremen Schneelagen das Verhungern besonders von Schleier- und Waldohreulen sowie Mäusebussarden zu verhindern.

Greifvögel und Eulen nutzen von Natur aus Baumastgabelungen bzw. Krähennester für ihre Horste. Durch die Anbringung von **Nistkörben** aus Weidengeflecht können manche Arten verstärkt zum Nisten angelockt werden. Die Weidenkörbe sollen mit einer Rindenmulchmischung ausgelegt werden, Greife bzw. Störche bringen selbst weitere Zweige als neue Nistlagen herbei.

Für den **Weißstorch** – der auf Hausdächern bzw. Rauchfängen oder Telegrafenmasten nistet – gibt es zahlreiche Methoden, den Nestbau zu unterstützen. Wichtig ist, durch Störche eingebrachte Plastiksäcke etc. alljährlich zu entfernen, damit die Nestauflagen nach Regenfällen rasch trocknen.

## Nisthilfen für Siedlungsbewohner

Frei an Hauswänden aufhängbar ist die Turmfalkennisthöhle aus Holzbeton (Typ Schwegler Turmfalkennisthöhle Nr. 28), deren Inneres mit groben Hobelspänen ausgelegt werden soll.

Die Turmfalkennisthöhle kann auch an Silos, Strommasten, Schornsteinen und sonstigen Industriebauten aufgehängt werden. Die Fluglochöffnung sollte windgeschützt – nach Südosten – ausgerichtet sein.

Der Schleiereulennistkasten aus Spanplatten ist für die Innenseite von Dachböden, Kirchtürmen etc. gedacht. Die Firma Schwegler bietet ihren Schleiereulennistkasten Nr. 23 mit einer Fluglochweite von 14x19 cm an; er ist daher auch für Turmfalken geeignet.

Die Ansiedlung und Förderung von Schleiereulen bedarf einer fachmännisch begleiteten und wissenschaftlichen Beratung. Gute Aussichten bestehen in einer strukturreichen Kulturlandschaft mit entsprechendem Nahrungsangebot an Kleinsäugern.

Nistkörbe aus Weidengeflecht, an Baumastgabelungen festgebunden, dienen mit 40 cm Durchmesser der Waldeule und den Baum-, Turm- und Wanderfalken als Brutgrundlage, mit 70 cm Durchmesser dem Habicht, Sperber, Bussard und Milan, mit 110 cm Durchmesser dem Weißstorch.

Dem Weißstorch können an Telegrafenmasten und Hausdächern Wagenräder oder Weidenkörbe als Nistgrundlage angeboten werden. In frequentierten Wohngegenden empfiehlt es sich, darunter aus Blech einen größeren Kotfangkorb anzubringen.

# REINIGUNG DER VOGELNISTKÄSTEN IM GARTEN

Zwischen Ende August und Anfang September fliegen die letzten Jungvögel des Jahres aus, dann gibt es in den Vogelnistkästen keine Bruten mehr. Nur bei den Freibrütern füttern während der zu Ende gehenden schönen Sommertage noch Distelfink, Grünfink, Girlitz und Hausrotschwanz ihre 3. Brut oder die verspätete Brut eines Nachgeleges. Die Belegung der Nistkästen kann freilich auch mit dem Lokalklima variieren, das in höheren Alpenregionen später einsetzende Frühjahr bedingt dort auch einen verspäteten Brutbeginn. Noch nicht richtig einschätzbar ist der sich abzeichnende Klimawandel. In extrem frühen und heißen Sommern waren die zweiten Bruten um 2-3 Wochen vorverlegt und daher Möglichkeiten für dritte Bruten gegeben, die dann auch bei den Höhlenbrütern bis in den September hinein belegte Nistkästen ergaben.

*Aus dem Nest gefallene Findlinge werden normalerweise von ihren Eltern auch am Boden weitergefüttert. Sie durch Menschenhand groß zu ziehen gelingt eher selten.*

Der Gartenbesitzer kontrolliert während noch warmer, trockener Spätsommertage alle seine Vogelnistkästen gewissenhaft nach, auch wenn er sie den Sommer über mehrmals geöffnet hat. Im September findet er gelegentlich schon frischen Kot und einige Mauserfedern einer den ganzen Winter über in diesem Kasten übernachten wollenden Kohlmeise. Ohrwürmer, fleißige Blattlausvertilger, sitzen in den hinteren oberen Ecken im Nistkasten. Feldspatzpaare beginnen mit ihrem Winternest aus Gras und Federn. Die Feldspatzen – und nur sie - übernachten paarweise im Nistkasten den Winter über. Kohlmeisen, Blaumeisen und Kleiber übernachten ebenfalls im Winter in Vogelnistkästen, aber immer nur einzeln. Dabei sind Kohlmeisen die einzigen, die regelmäßig jede Nacht im selben Kasten nächtigen. Man reinige deshalb im September die Kästen noch einmal sorgfältig und kratze mit einer Spachtel auch die Ecken sauber aus. Der Nistkastenboden wird dann gleichmäßig mit grob strukturiertem feinem Rindenmulch, Blumenerde oder Sägemehl höchstens 2 cm hoch bestreut; darin trocknet der Kot der übernachtenden Vögel. Kurzes Einsprühen mit einem pyrethrumhaltigen Sprühmittel gegen Flöhe und Milben sollte nur bei solchen Kästen vorgenommen werden, in denen eine Vogelbrut zum Ausfliegen kam.

*Für die herbstliche Nistkastenräumung empfiehlt sich ein professionelles Reinigungsgerät mit Holzgriff und stabilen Krallen.*

Die übrigen Kästen lasse man uneingesprüht, da im Herbst gelegentlich eine Langohr- oder Bechsteinfledermaus in einem Vogelnistkasten übertagen will auf dem Flug ins Winterquartier. Fledermäuse meiden eingesprühte Kästen. Um Vogelnistkästen bequem reinigen zu können, hängt man sie am günstigsten zwischen 1,60 und 1,80 m Höhe auf (Augenhöhe). Die höhlenbrütenden Singvögel im Garten nehmen außer den misstrauischen Spatzen so nieder hängende Kästen ohne weiteres an. Weil das im Wald nicht der Fall ist, hängt man dort die Kästen mindestens 4 m hoch auf. Leider hängen auch manche Gartenbesitzer ihre Nistkästen hoch in die Bäume oder gar an lange Stangen, in der Annahme, dass so hoch hängende Kästen besser angenommen werden, was nur für den Star zutrifft. Die Reinigung dieser Kästen wird wegen der damit verbundenen Mühe meist unterlassen. Nur der Star ist im Frühjahr in der Lage, altes Nistmaterial aus einem Nistkasten hinauszuwerfen. Verfilzte Meisennester können die Vögel allgemein nicht entfernen. Schon 2 übereinander gebaute Vogelnester füllen einen Nistkasten so aus, dass kein weiteres Nest mehr Platz hat. Dann sind Holzkästen nach 2-3 Jahren nutzlos geworden, beginnen zu faulen und fallen eines Tages herab.

*Nach dem Ausfliegen der jungen Kohlmeisen ist die Nestmulde breitflächig, Moos, Wolle und Haare sind niedergetreten. Obenauf liegen ein paar Kotbällchen und Reste eines Schneckenhauses; das Nest kann aus dem Nistkasten entfernt werden.*

Erfolgreich verlassenes Kohlmeisennest

# KATZENSCHUTZ FÜR NISTKÄSTEN

Unerwünschte Katzen der Nachbarschaft hält man mit Hilfe folgender Maßnahmen ganz gut von seinem Garten ab: Man setze die Zaunlatten so dicht, dass keine Katze mehr dazwischen hindurchschlüpfen kann (5 cm), und außerdem so tief, dass eine Katze auch nicht unter den Latten durchkriechen kann. Durchlässe für die kleineren Igel sind aber erwünscht! Statt breiter Holz- oder Zementzaunsäulen wähle man dünne Eisenstäbe. Auf breite Zaunsäulen stelle man abends je eine Blechbüchse mit ein paar Steinen darin. Springt die Katze wie gewohnt wieder auf die Zaunsäule, fällt die Büchse lärmend zu Boden. Die Katze scheut Lärm und meidet künftig solche Stellen. Blechdosen und leere Weinflaschen auf Fenstersimsen halten jede Katze ab. Um das Überspringen auf der breiten Zaunfläche zu verhindern, sind rankende Rosen- und Brombeerhecken wertvoll, deren Dornen die Katzen sehr scheuen. Die Ranken ausgeschnittener Rosen und Brombeeren im Herbst können als Verlängerung der lebenden Triebe in den Zaun eingeflochten werden, vorwiegend im oberen Zaunlattenteil. Anfangs hängen gelegentlich ein paar Katzenhaare an den Dornen, später nicht mehr. Auf der Erde werden keine Pfotenabdrücke mehr entdeckt. Am Fuß von Gartenbäumen hoch und breit aufgehäufte Rankenstücke verhindern das Erklettern der Bäume durch Katzen und des nesträubernden Eichhorns. Im Herbst werden dann alle Ranken erneuert, denn Dornen sitzen nur 1 Jahr lang wirklich fest. So geschützte Bäume erkennen Buchfinken, Distelfinken und Graue Fliegenschnäpper bald und nisten auf ihnen. Bringt man um den Stamm eines Obstbaumes in 2 m Höhe ein glattes altes Blech von 60 cm Breite an, dann ist der Schutz am sichersten. Ein alter Wassereimer ohne Boden, den man seitlich mit der Blechschere aufschneidet und um den Baumstamm klemmt, dient demselben Zweck. Nicht sicher sind die üblichen Katzengürtel aus glatten Drahtstücken, die Katze, Eichhorn und Wiesel zur Seite drücken können und wenig Dornenreisig, eher schon sicherer ist ein Kranz leerer Bierflaschen, die man an einem Draht um den Stamm herum aufhängt.

Wo Katzen viel umherstreunen, bevorzugt man Vogelnistkästen mit einem bewährten katzensicheren Vorbau. Fehlt dieser, so ist eine Katze in der Lage, mit der Pfote weit in einen Nistkasten hineinzugreifen, das Nest zu durchwühlen und die brütende Altmeise herauszuziehen.

*In von Mardern und Waschbären gefährdeten Gebieten empfiehlt sich für die Nisthöhlen aus Holzbeton eine Frontplatte mit lichtdurchlässigem Gitter.*

*In Hausgärten können besonders kluge Katzen zu erfolgreichen Jungvögel-Räubern werden. Ein aus Draht geformter Katzenabwehrgürtel der Firma Schwegler verhindert die Gefährdung der Jungvögel im Nistkasten.*

## Vogelfütterung nur in Ausnahmefällen!
Vögel allerorts und jederzeit zu füttern ist unnatürlich! Durch Massenansammlungen steigt die Gefahr von Krankheitsübertragungen, Kot bzw. Feinstaubverwehungen steigern die Gefahr von Infektionsrisiken durch Salmonellen und anderen Vogelseuchen, qualvolle Epidemien eliminieren ganze Vogelpopulationen. Beim Vogelfüttern sind daher nicht nur die alten Fehler wie falsche Futterzusammensetzung sondern vor allem hygienische Vorsichtsmaßnahmen zu berücksichtigen.

*Ein altes glattes Blech um den Stamm, mit Draht befestigt, hält Katze, Eichhorn und Wiesel sicher fern.*

Blechmantel als Schutz vor Katzen

## Ausnahmen, die das Vogelfüttern im Winter erlauben

Beobachtungsfütterung: Um die Naturverbundenheit von Kindern und die Zuneigung älterer Menschen für Tiere zu unterstützen, kann im Blickfeld von Wohnzimmerfenstern eine kleine Futtersäule zur Winterfütterung ausreichen. In großen isolierten städtischen Parkanlagen und in Wäldern der Stadtränder sammeln sich in schneereichen Zeiten individuenreiche Scharen stadtbewohnender Vögel. Diesen eher unnatürlichen Populationsdichten steht kein ausreichendes Nahrungsangebot gegenüber. Tierschutzvereine, Berg- und Naturwächter erhalten durch konsequente Winterfütterung die willkommenen Stadtvögel. Die je nach Wetterlage im Oktober begonnene Anfütterung muss bei Schneefällen gesteigert, den ganzen Winter über bis zum Frühjahr anhalten.

## Grundregeln für das winterliche Vogelfüttern

Wir unterscheiden zwischen Körnerfressern, Weichfutterfressern und Mischfutterfressern. Die Zusammensetzung von Vogelfuttergaben sind daher je Vogelart anders vorzusehen.

Futterhäuschen sollen prinzipiell hochgestellt angebracht werden. Für Weichfutter ist eine Überdachung notwendig. Als Orte eignen sich auch hausnahe regengeschützte Flächen, wobei auf die Möglichkeiten heranschleichender Katzen Rücksicht zu nehmen ist. Futterhäuschen sollte in der Nähe von Bäumen, Sträuchern oder Zweigen aufgestellt werden, da die scheuen Vogelarten sich von dort eher anzunähern trauen.

## Natürliche Nahrungsgrundlagen im Garten verbessern!

Wer der Vogelwelt im Siedlungsraum ein naturähnliches Überleben sichern möchte, der verbessert ihr Nahrungsangebot durch eine „Naturgartenphilosophie". Das Pflanzen dichter heimischer Strauchreihen, das Dulden von Wildnisecken, die Förderung von Blumenwiesen und das Bewahren hochstämmiger Streuobstbäume bringen das ganze Sommerhalbjahr über eine Vielfalt an Insekten. Deutlich vermehrt wird das Insektenangebot durch einen naturgemäßen Gartentümpel (zugleich Vogeltränke und Vogelbad), durch einen Komposthaufen und vor allem durch große Laubhäufen.

Für Körnerfresser, die Bodenfutterplätze bevorzugen (Bergfinken, Birkenzeisige, Lerchen), benötigen größere und katzensichere Rasenflächen, wobei auch hier dichtes Strauchwerk in unmittelbarer Nähe zum Schutz vor Sperberangriffen vorhanden sein sollte. Auch unter überdachten Hauswänden können Bodenfresser gefüttert werden. An schneefreien Frosttagen können ausgelegte Äpfel zur Flüssigkeitsaufnahme dienen. Bei jedweder Futterstelle sollte Vogelkot nicht das Futter verunreinigen!

Für Weichfutterfresser sollte man einige Äpfel oder Birnen auf den Obstbäumen des Gartens belassen, ebenso die Früchten von Ebereschen, Mehlbeeren, eventuell Weintrauben. Belässt man Falllaub den Winter über unter Büschen und Bäumen, so findet sich dort auch ein vermehrtes Insekten- und Wurmangebot.

Als Vogelbeerensträucher gelten: Feuerdorn, Roter Holunder, Schwarzer Holunder, Schneeball, Schneebeere, Liguster und Pfaffenhütchen. Als Bäume mit Vogelbeeren gelten: Eberesche, Elsbeerbäume und Mehlbeerbäume aber auch Winterbirnen und kleinfrüchtige Apfelbäume.

*Die Winterfütterung für Körnerfresser sollte „Kotkontakt" vermeiden helfen, wodurch epidemische Vogelkrankheiten eingedämmt werden.*

*Aus den Meisenknödeln hole sich neben Meisen, Spatzen un Finken auch Buntspech Baumläufer und Goldhähnche ihr Zusatzfutte Ein offenes Futterhäusche (rechts oben) birgt die Gefa der Salmonellenansteckun, daher soll täglich unter de Futter neues Papier gebreit werden.(Foto rechts obe Naturhistor. Museum, Ber*

*Größere Körner- und Weichfuttersilos im Selbstbau sollten ebenfalls möglichst wenig Sitzflächen anbieten; ein schmaler Schlitz zum Nachrieseln des Futters genügt.*

# Vogelfütterung im Garten

57

# Nistkastenpraxis im Wald

## SINGVÖGEL ALS HELFER IM FORST

Kein Revier gleicht mit seinen Tieren und Pflanzen einem anderen. Auch die schädlichen Forstinsekten sind verschieden zahlreich verteilt. Da und dort ist in mehr oder weniger regelmäßigen Zeiträumen starkes Zunehmen gefürchteter Schadinsekten zu bemerken. Im Bestreben, Zuwachsschaden zu vermeiden und einen drohenden Kahlfraß zu verhindern, versucht der Forstmann vorzubeugen. Eines dieser vorbeugenden Mittel ist eine verstärkte Vogelansiedlung durch das Aufhängen geeigneter Vogelnistkästen. Der Forstmann lockt Insekten fressende Singvögel zum Verweilen und Brüten in die von ihm vorgesehenen Waldteile, mitten ins Insektenvermehrungsgebiet. Jeder dieser Vögel sucht und findet jeden Tag im Wald Insektennahrung. Im April/Mai werden in das Nest die Eier gelegt, umgewandelte Insektennahrung hat sie gebildet. Schon nach 13 Tagen Bebrütungsdauer im Mai, wenn sich die Insekten überall regen, schlüpfen die Jungvögel im Nest, recken die Schnäbel und werden von morgens bis abends nur mit Insekten gefüttert. Die Scharen bald umherfliegender Jungvögel wurden alle mit Insekten des Waldes großgezogen.

Die Notwendigkeit, mehr oder weniger viele Nistkästen aufzuhängen, ist allerorts revierverschieden und hängt von dem Verbreitungsgebiet der einzelnen Vogelarten, der Gegend, den Bodenverhältnissen, dem Klima, der Holzartenzusammensetzung, dem Bestandsalter, den Betriebsverhältnissen und vom Insektenvorkommen ab.

**Allgemeine Richtlinien für die Anzahl der Nistkästen je bestandsbildender Holzart**

| Bestandsbildende Holzarten, mit Beimischung anderer Holzarten | Endzahl der Nistgeräte je ha für: | | | Notwendiger %-Satz ausgeflogener Vogelbruten aus der Nistkastengesamtzahl |
|---|---|---|---|---|
| | Von Insekten-Kahlfraß bedrohte Revierteile | Unmittelbare Umgebung bedrohter Revierteile | weiter abliegende Revierteile | |
| Fichte | 1 | 0,5 | 0,5 | 50-60 |
| Kiefer | 4 | 2 | 1 | 60-70 |
| Eiche | 6 | 4 | 3 | 70-80 |
| Buche | 1 | 1 | 0,5 | 60-65 |

*Für die Forstwirtsch[aft] bedeutsam sind massenh[aft] auftretende Raupen v[on] Schmetterlingen und Ha[ut]flüglern wie (von oben li[nks] nach unten rech[ts]) Rotschwanz-Raupe, Eiche[n]prozessionsspinn[er] (mit Foto einer Häutung[s]versammlung direkt darunte[r]) Mondfleck, Kiefernschwärm[er], Großer Frostspann[er], Schwammspinner und häufi[g] Blattwespenarten. Leider verf[ü]gen die genannten Arten dur[ch] borsten- und dornenförmi[ge] Fortsätze, aber auch durch g[e]schmackliche Inhaltsstoffe üb[er] Abwehrmechanismen, die v[or] allem die Meisenart[en] allmählich abschreck[en]. (Fotos: J. Gep[p])*

# Forstschädlinge

| Verteilung der Nistkastentypen in % der Gesamtsumme | | | | |
|---|---|---|---|---|
| Bestandsbildende Holzarten, mit Beimischung anderer Holzarten | Ovales Flugloch, besonders für Kleiber, Kohlmeise und Gartenrotschwanz | 3 Fluglöcher, 27 mm Durchmesser, rund, für Blau- und Sumpfmeise im Laubwald mit Eichen; für Tannen-, Sumpf-, Weiden- und Haubenmeise im Nadelwald | Nischenbrüterkasten mit 2 Fluglöchern (3 x 5 cm) für Trauerschnäpper, Rotkehlchen, Zaunkönig, Hausrotschwanz, Grauschnäpper und Bachstelze | Spezialnistkästen für Baumläufer im Altholz |
| Fichte | 70 | 15 | 5 | 10 |
| Kiefer | 75 | 10 | 5 | 10 |
| Eiche | 45 | 30 | 10 | 15 |
| Buche | 75 | 10 | 5 | 10 |

## WELCHE SINGVOGELARTEN LASSEN SICH GEGEN FORSTINSEKTEN ERFOLGREICH ANSIEDELN?

Unter den zahlreichen Insektenarten des Waldes, die als Wurzel-, Rinden-, Bast- und Holzzerstörer, als Knospen-, Trieb-, Blatt- und Nadelfresser auftreten, befindet sich eine ganze Anzahl, die in Jahren günstiger Witterung bei wenigen Feinden rasch zunehmen und ausgedehnte Waldbestände erheblich schädigen oder alle Bäume zum Absterben bringen können. Unter diesen Schadinsekten befinden sich 9 blatt- oder nadelfressende Arten, nämlich Frostspanner *(Operophthera brumata)*, Eichenwickler *(Tortrix viridana)*, Schwammspinner *(Lymantria dispar)*, Buchenspinner *(Stauropus fagi)*, Kiefernspanner *(Budalus piniarius)*, Forleule *(Panolis flamea)*, Kiefernspinner *(Dendrolimus pini)*, Kiefernbuschhornblattwespe *(Diprion pini)* und Nonne *(Lymantria monacha)*, deren beginnende Zunahme durch bestimmte auch in Vogelnistkästen brütende Vogelarten mit unserer tatkräftigen Unterstützung ständig gebremst werden kann. Die sonstigen Feinde dieser Schadinsekten, wie Schlupfwespen, Raupenfliegen, Ameisen, Kamelhalsfliegen, Florfliegen, Spitzmäuse, Eidechsen, Viren, Bakterien und Pilze, können nicht durch gezielte Maßnahmen laufend so stark gefördert werden, dass ein wirklicher Erfolg vor eintretendem starken Fraßschaden bis Kahlfraß sichtbar wird.
Diejenigen Singvogelarten dagegen, deren Brutpaardichte durch Vogelnistkästen wesentlich gesteigert werden kann und die während der Aufzucht ihrer Jungen entweder Raupen, Puppen, Falter oder Eier der genannten 9 Schadinsektenarten auf den Bäumen leicht finden und in großer Zahl verfüttern, werden als „Arbeitsvögel" bezeichnet, so wie es z. B. auch bei den Bienen Arbeitsbienen gibt. Diese Vogelarten kann man auf begrenzter Fläche in einer größeren

*Gesammelte Reste von Kiefernspinner, Nonne, Eichenwickler, Forleule und Maikäfer, die de Jungvögeln zu groß oder hart waren und während d Fütterns auf die Nestoberfläche fielen und eintrockneten. Re hen von oben nach unten: Ki fernspinner – Dendrolimus pi (9 Puppengespinnste una Hinterleibsenden von Schme terlingen), Kiefernspinn (Hinterleibsenden von Pupper Kiefernspinner (eingetrockne Raupen), Nonne – Lymantri monacha (Hinterleibsenden ve Puppen), Eichenwickler – To trix viridana (Puppen), Forle le – Panolis flamea (eing trocknete Rauper Wald- und Feldmaikäfer Melolontha melolontha ur Melolontha hippocasta (Hinterleibsender*

Eingetragene Beuteinsekten

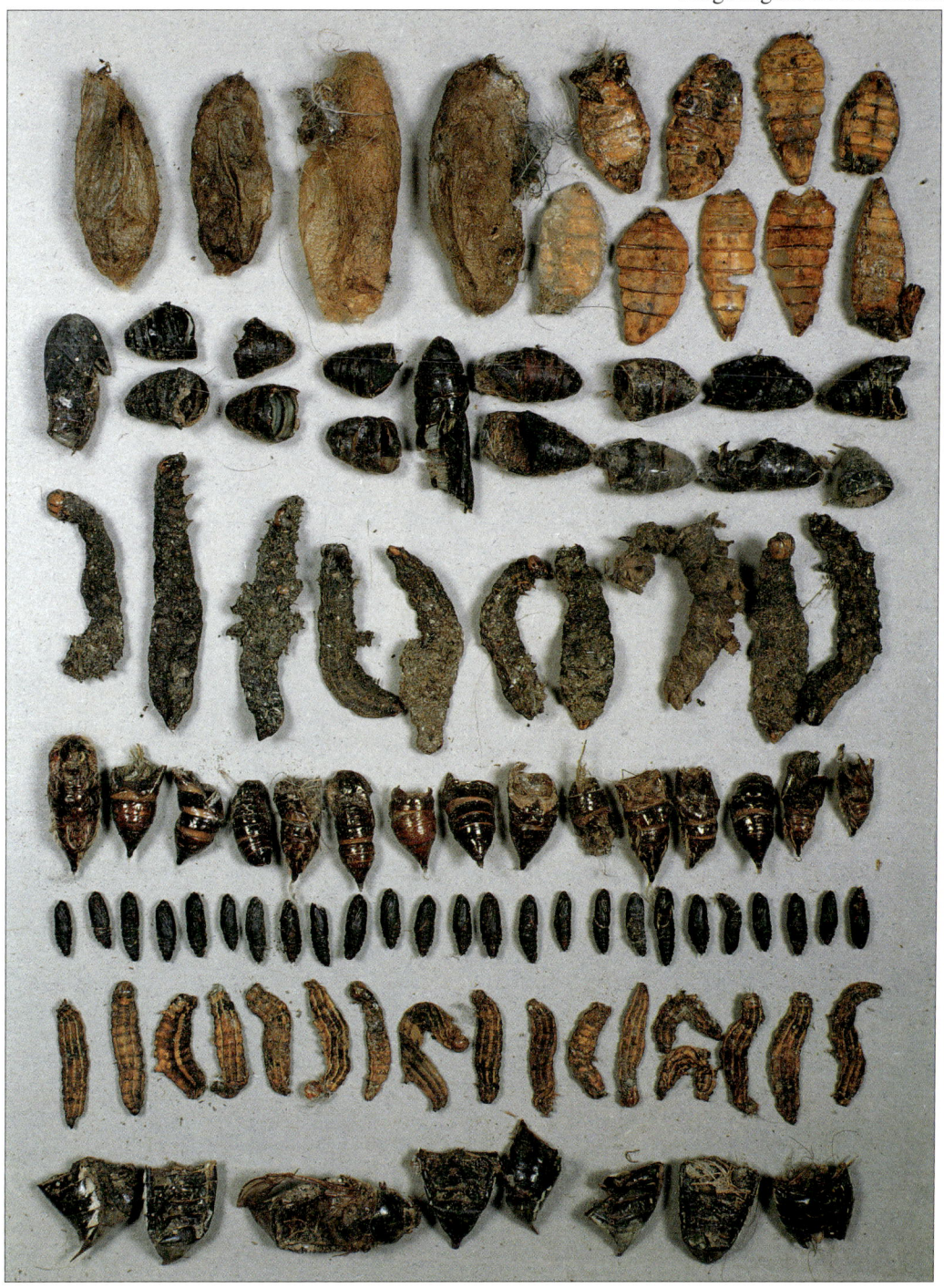

Zahl von Brutpaaren ansiedeln und gegen bestimmte Schadinsekten Erfolg versprechend einsetzen, um sie bei entsprechender Hilfe unsererseits voll zur Entfaltung kommen zu lassen. Es sind dies Kohlmeise, Blaumeise und Tannenmeise sowie Trauerschnäpper und infolge verbesserter Nistgeräte mehr und mehr auch der Kleiber. Der Gartenrotschwanz, früher zusammen mit dem Trauerschnäpper Arbeitsvogel gegen den Kiefernspanner, ist aus nicht klar erkennbaren Gründen seit ca. 25 Jahren so stark zurückgegangen, dass er derzeit nicht als Arbeitsvogel eingesetzt werden kann. Weiterhin ist z. B. die Tannenmeise ein Arbeitsvogel gegen die Nonnenraupe und -puppe im Fichtenwald und im Kiefernwald mit ihrer 2. Brut Arbeitsvogel gegen die Forleulenraupe und die Kiefernbuschhornblattwespenraupe zusammen mit der 2. Brut der Kohlmeise. Der Trauerschnäpper gehört zusammen mit Kohl- und Blaumeise zu den Arbeitsvögeln gegen Eichenwicklerraupe und -schmetterling im Eichenwald. Solchen Arbeitsvögeln zur Seite stehen die weniger zahlreich vorkommenden Vogelarten Sumpfmeise und Haubenmeise, Baumläufer, Halsbandschnäpper und Feldsperling.

Bei Verwendung der neu erprobten, innen hellen, raubzeugsicheren Nischenbrüterkästen mit 2 ovalen Einschlupflöchern vermehren sich jetzt im Wald, in der Umgebung von Pflanzgartenhütten, Fischteichen und Waldbächen, wenn auch noch mit geringer Brutpaardichte, aber trotzdem nützlich, der Grauschnäpper, die Bachstelze, das Rotkehlchen, der Zaunkönig, der Hausrotschwanz und die Wasseramsel.

Alle diese ansiedelbaren Vogelarten zusammen bringen aber nur dann auf lange Sicht und über Jahrzehnte hinweg die erwünschte Schädlingsdezimierung, wenn man sie mit Hilfe wirklich marder-, eichhorn- und spechtsicherer Nistkästen bei ausreichendem Brutraum in der erforderlichen Anzahl ansiedelt und vor ihren schlimmsten Feinden außer- und innerhalb der Nistkästen schützt. Förderlich sind die im Winter bei uns zu einem Teil ausharrenden Meisen und Kleiber (vorwiegend Altvögel), sie sind im insektenarmen Winterwald mit dem raubzeugsicheren Futtertrichter zuverlässig und ohne Unterbrechung von Anfang Oktober bis Mitte Mai nur mit Sonnenblumenkernen zu füttern.

Seit vielen Jahrzehnten wird der Einfluss der Singvogelgehege in Forsten untersucht und diskutiert. Gesichert ist, dass die so genannten Arbeitsvogelarten ihren Jungvögeln Unmengen von den genannten Forstschädlingen verfüttern. In Forsten mit planmäßiger Singvogelansiedlung und vorangegangenen großflächigen Kalamitäten sind Jahrzehnte währende Reduktionen der Schädlinge bekannt. Vor allem bei Forleulen, Eichenwickler und Frostspanner gibt es wissenschaftlich dokumentierte Schadensverhütung. Viele Waldbesitzer sind augenscheinlich überzeugt, dass die Vogelhege langfristig Kalamitäten verhindern helfen kann.

*Nach dem Ausfliegen jung Blaumeisen verblieben vie Eichenwicklerpuppen Nest: ein Nützlichkeitsbew im For*

*Reste von Eichenwicklerpupp beweisen nach dem Ausflieg von Blaumeisen, wie nützli das Ansiedeln insektenfresse der Singvögel gegen bestimm Forstinsekten sein kar*

Reste eingetragener Insekten

**Die 9 Forstschädlinge, die von angesiedelten Singvögeln als Raupe, Falter, Puppe oder Ei in großer Zahl an ihre Jungen verfüttert werden.**

| Fichte und Kiefer | Kiefer | | | |
|---|---|---|---|---|
| **Nonne** *Lymantria monacha* | **Kiefernspanner** *Bupalos piniarius* | **Forleule** *Panolis flammea* | **Kiefernspinner** *Dendrolimus pini* | **Kiefernbuschhornblatt** *Diprion pini* |
| **Raupe:** Mai/Juni: Kohl-, Tannen-, Hauben- und Sumpfmeise, Kleiber, Baumläufer. **Puppe:** Juli: Kohl-, Tannen- u. Haubenmeise, Kleiber, Baumläufer. **Falter:** August: Fledermäuse, Buchfink. **Ei:** August–April: Baumläufer, Kleiber. | **Falter:** Mai–Juni: Gartenrotschwanz, Trauerschnäpper, Kohlmeise, Fledermäuse. **Ei:** – **Raupe:** Juli–Oktober: Meisenschwärme. **Puppe:** November–April: unerreichbar im Boden. | **Falter:** Ende März bis Mai: Fledermäuse **Ei:** – **Raupe:** Mai–Juni: Kohl-, Tannen- und Haubenmeise, Gartenrotschwanz, Trauerschnäpper, Kleiber, Baumläufer. **Puppe:** Juli–März: unerreichbar im Boden. | **Raupe:** Mai–Juli: Kohl-, Tannen- und Haubenmeise, Gartenrotschwanz. **Puppe:** Juni: Kohlmeise. **Falter:** Mitte Juli–August: Kleiber, Fledermäuse, 2. Brut Kohlmeise. **Ei:** Ende Juli–August: – **Jungraupe:** frisst September bis November: Meisenschwärme. **Raupe:** überwintert im Boden, unerreichbar. | **Blattwespe:** April/Mai **Raupe:** Mai/Juni: Kohl-, Tannen- u. Haubenmeise, Kleiber. **Kokon:** Juni/Juli: 2. Brut Kohl- u. Tannenmeise. **2. Blattwespen-Generation:** Schlupf Ende Juli/August: Kleiber, Buchfink, Fledermäuse **Ei:** – **Raupe:** August–Oktober: Meisenschwärme, Kleiber. Im Winter Raupe und Kokon am Stammende: Kohl- und Tannenmeise, Haubenmeise, Kleiber |

Fütternder Trauerschnäpper

*Mehr als 6.000 Insektenportionen bringen die Elternvögel ins Nest. Im geräumigen rechteckigen Nistkasten steht dem fütternden Trauerschnäpper ein Vorplatz zur Verfügung, von dem aus er bequem die Fütterung vornimmt.*

Das Nahrungsangebot und vor allem das Vorkommen von Baumhöhlen bzw. künstlichen Nistgelegenheiten (Nistkästen) entscheiden die Revierdichten der Höhlen- und Halbhöhlenbrüter. Im Atlas der Brutvögel der Steiermark (Sackl & Samwald 1997) sind beispielhaft einige untersuchte Dichten an Brutvorkommen aufgelistet. Demnach konnten in einzelnen Habitattypen nachfolgende Revierzahlen pro 10 Hektar (weitgehend gleichbedeutend mit der Anzahl der Brutpaare) festgestellt werden:

*Die Kohlmeisen zeigen in Mischwäldern der Steiermark mit 17,7 Brutpaaren pro 10 Hektar eine beachtliche Dichte, in höhlenarmen Habitaten wie Mooren mit 1,6 Brutpaaren eine relativ geringe Häufigkeit. Blaumeisen können in Auwäldern 9,2 Reviere, in ländlichen Siedlungsgebieten 1,5 Reviere je 10 ha besetzen. Der Kleiber entwickelt im Hügelland mit 0,4 Revieren pro 10 Hektar eine geringe Besiedlungsdichte, in einem Auwald eines Gebirgstales mit 5,9 eine relativ hohe. Der Waldbaumläufer besetzt im oben erwähnten Auwald 1,3 Reviere, in Mischwäldern des Hügellandes 5. Der Grauschnäpper besiedelt in Auwäldern der Niederungen 0,8 Reviere pro 10 Hektar, in einem Bauerndorf 7,2. Der in der Steiermark stellenweise häufige Halsbandschnäpper bringt es in einem parkähnlichen Hallenwald auf überdurchschnittliche 29,6 besetzte Reviere, in einem strauchreichen Kiefern-Stieleichen-Mischwald auf 1,4. Der Hausrotschwanz bewohnt in beispielhaft ausgewählten Ebenen der Steiermark 6,5 Reviere pro 10 Hektar, in einem Gebirgstal 0,4. Der Gartenrotschwanz neigt mit 0,5 besiedelten Revieren je 10 Hektar im Hügelland zu einer niederen Dichte, und auch in der Kulturlandschaft mit 1,7 pro 10 Hektar entwickelt er eine mäßige Revierdichte.*

| Eiche | | Buche | |
|---|---|---|---|
| **Großer Frostspanner** *Hibernea defoliaria* | **Eichenwickler** *Tortrix viridana* | **Schwammspinner** *Lymantria dispar* | **Buchenspinner** *Stauropus fagi* |
| **Raupe:** Mai – Juli: alle Meisen, Kleiber, Baumläufer, Trauer- und Halsbandschnäpper, Feldsperling. | **Raupe:** Mai/Juni : Kohl-, Blau- und Sumpfmeise, Kleiber, Baumläufer, Trauer- und Halsbandschnäpper, Feldsperling. | **Raupe:** Mai bis Juli: alle Vogelarten wie bei Eichenwickler . | |
| | | **Puppe:** Juli/ August: Kohlmeise, Kleiber. | **Falter:** Mai/Juni : Kohl-, Blau-, Sumpfmeise, Trauer- und Halsbandschnäpper, Gartenrotschwanz, Kleiber, Baumläufer, Fledermäuse. |
| **Puppe:** unerreichbar im Boden. | **Puppe:** Juni : alle obigen Vögel. | **Falter:** August/September: Fledermäuse, Kleiber. | |
| **Falter:** Okt./Nov. : Meisen, Kleiber, Baumläufer, Fledermäuse. | **Falter:** Juni/Juli: Trauerschnäpper, Baumläufer, Kleiber. | **Ei:** August bis April: an Wurzelanlauf und Stämmen mit Hinterleibshaaren bedeckt, von Vögeln gemieden. | **Ei:** Juni: Vögel wie oben. **Raupe:** Juni/Oktober: Meisenschwärme, Kleiber. |
| **Ei:** am Stamm aufwärts einzeln abgelegt: Baumläufer. | **Ei:** Juli bis April an Knospen eingekittet. | | **Puppe:** bodennah unerreichbar. |

In ähnlich anschaulicher Weise wie bei der Halsringmethode (wodurch die verfütterten Insekten im Kropf der Jungvögel gespeichert werden) findet man alljährlich während der Nistkastenkontrolle auf den Nestern ausgeflogener Singvogelbruten die gleichen Insekten, jedoch vertrocknet und platt getreten, einst zwischen den Jungvögeln versehentlich hinabgefallen oder, weil zu groß, wieder ausgewürgt. Sammelt man eine größere Anzahl dieser Nahrungsmumien, so vermittelt ihre Vielzahl ebenfalls einen eindrucksvollen Beweis für die nützliche Tätigkeit der angesiedelten Singvögel.

Eine gewissenhafte und zielbewusste Ansiedlung und Vermehrung Insekten fressender Singvögel im Wald stellt die weitaus am leichtesten und am wirksamsten durchzuführende Vorbeugungsmaßnahme gegen die Schäden der genannten 9 Insektenarten dar. Nebenbei werden noch viele andere den Wald schädigende Insektenarten, wie z. B. Kiefern- und Tannentriebwickler, Lärchenwickler und Lärchenminiermotte von den angesiedelten Singvögeln mitvertilgt und in Grenzen gehalten. Dieses »Vorbeugungsmittel Vögel« hat die Natur selbst eingesetzt; es erweist sich daher als unschädlich für Wald, Tier

*Der fütternde Altvogel versuc mit Flügeln und Krallen sich der engen Höhle über sein Jungen zu halten, um nicht a sie treten zu müssen, denn Alter von 9 Tagen sind d Blutkiele ihrer Flügelfede besonders empfindli*

Trauerschnäppernest mit Platzmangel

und Mensch und kann von uns Forstleuten leicht so ausreichend gefördert werden, dass jedes Jahr die notwendige Mindestzahl nützlicher Vögel gegen das auftretende Schadinsekt vorhanden ist.

Es ist kaum ein Revier bekannt, das einen Insektenkahlfraß durch eine in der vorangegangenen Tabelle genannten Insektenart erleiden musste, während gleichzeitig seit vielen Jahren hintereinander aus den erprobt aufgehängten Vogelnistkästen der notwendige Prozentsatz an Vogelbruten wohlbehalten ausgeflogen ist. Dieser Einschätzung liegen Jahrzehnte währende publizierte Untersuchungen aus Mittel- und Oberfranken, aus württembergischen Versuchsrevieren sowie aus Kalamitätsgebieten der Steiermark/Österreich zugrunde. Das an Jungvögel verfütterte Nahrungsspektrum wurde mit Hilfe der Halsringmethode verifiziert.

*Ein Eichhörnchen beim Ausrauben einer Holzbetonhöhle mit seitlichem Längsschlitz ohne Raubzeugschutz.*

## GEEIGNETE UND UNGEEIGNETE VOGELNISTHILFEN IM WALD

**Ungeeignete Vogelnistgeräte**

Früher waren aus Stammstücken nachgebildete Spechthöhlen verbreitet. Es waren maschinell ausgebohrte und von Rinde umgebene Stammabschnitte. Sie sind ihrer Nachteile wegen im Forst nicht mehr in Verwendung. Der Innenraum dieser Spechthöhlen war mit einem Brutraum von nur 10-11 cm Durchmesser für Singvögel unter der Starengröße zu eng und zu tief ausgebohrt. Spechte bauen kein Nest wie Singvögel. Ihre Jungen sitzen auf den letzten Spänen, die vom Ausmeißeln des Höhlenraumes stammen, tief unten. Die alten Spechte klettern an den rauen Höhlenwänden zu ihnen hinab.

Da unten in der Mulde sind sie vor dem Zugriff der Marderpranke geschützt. Meisen dagegen bauen hohe Moosnester in leere Spechthöhlen, damit sie nicht so tief zu ihren Jungen hinabhüpfen müssen. Jetzt kann der Marder den brütenden Altvogel oder die Jungen mit der Pranke erreichen und durch das Flugloch herausziehen; eine für ihn lohnende Möglichkeit, von der er reichlich Gebrauch macht. Eine weitere Gefahr für die Singvögel bedeutet es, wenn der Buntspecht - und zwar nur dieser von allen Spechtarten - die Fluglöcher der künstlichen Höhlen erweitert, um darin zu nächtigen, oder auch die Höhlenwände unterhalb der Fluglöcher aufschlägt, um an die Singvogelbruten zu gelangen. Das Eichhorn nagt Fluglöcher größer, um einzudringen und Singvögel und ihre Eier zu rauben. Auch gut gezimmerte Bretternistkästen werden im Wald im Lauf der Jahre von Buntspecht und Eichhorn für Brutzwecke der Singvögel unbrauchbar gemacht.

**Zu kleine Nisthöhlen:** Erst 1948 wurden die runden Nisthöhlen aus Holz durch ebenfalls runde Höhlen aus einer gestanzten Masse von Zement und Sägemehl ersetzt, wobei entsprechende Härte Beschädigungen durch Buntspechte und Eichhorn verhinderte. Doch der Baummarder räuberte auch diese Höhlen aus. Außerdem hatten solche Höhlen wieder einen für Singvögel unter Starengröße zu engen Innendurchmesser von nur 11 cm aufzuweisen. Die Elternvögel sind dadurch gezwungen, beim Füttern jedes Mal auf ihre Jungen

*In Revieren mit besond aktiven Spechten schütz auch Bleche nic Die runden Meisennisthöh aus Holzstämmen hac der Buntspecht in Höhe e Singvogelnestes a Er zog die Jungen her und verfütterte sie die eigene Br*

## Spechte knacken hölzerne Nisthöhlen

hüpfen zu müssen. Sie sträuben sich instinktiv dagegen und versuchen vergeblich, sich mit Flügeln und Krallen über den Jungen halten zu können. Solche Akrobatik zehrt an ihren Kräften sehr, scheuert Flügelspitzen an der Zementwand ab, macht Krallen stumpf und verhindert ein gleichmäßig ruhiges Füttern der Jungen. Während des letzten Drittels der Nesthockzeit können die größten Jungen fast schon bis zum Flugloch ihre Schnäbel strecken, wenn der Altvogel mit Futter erscheint. Dieser schlüpft dann nicht mehr in die enge Nisthöhle, sondern füttert die Jungen durch das Flugloch, wobei einige nach der falschen Seite ihre Schnäbel vergeblich aufsperren. Solche Jungen werden mehr und mehr abgedrängt; sie liegen später tot und verhungert im Nest.

Die tragischen Vorkommnisse in zu engen Nisthöhlen werden dadurch verständlich, wenn man weiß, dass ein Singvogelelternpaar bis zum Ausfliegen der Jungen 6.000–7.000 Mal zur Nisthöhle an- und ausfliegt. Täglich sind das zwischen 70 und 800 Anflüge, wobei die Zahl der Anflüge mit zunehmendem Wachstum der Nestlinge ansteigt. Vom Schlüpftag bis zum Ausfliegen am 19. Lebenstag müssen in zu kleinen Bruthöhlen die Elterntiere tausende Male auf ihre Jungen hüpfen, wodurch diese Schaden erleiden. Bei Regenwetter bringen die Altvögel auch noch Nässe in das Nest, weshalb die Jungen unterkühlt werden.

*Die 3-Loch-Nisthöhlen mit vo gewölbter Vorderwand geben weder Katzen noch Mardern e Möglichkeit, die Jungen hera zu tatzen – sofern alte aufgetürmte Nistlagen entfernt wur den (Foto: Schwegler).*

**Durchmesser der Einfluglöcher:** Die kleinste der höhlenbrütenden Meisen, die Tannenmeise, wiegt einjährig 7 g und kann leicht durch ein rundes Flugloch von 26 mm Weite schlüpfen; auch als 2-jährige, wenn sie 8 g wiegt und ihr Skelett stärker geworden ist. Ab dem 3. Lebensjahr können Männchen und Weibchen bis zu 9 g wiegen und noch immer bequem durch ein Flugloch von 26 mm Durchmesser schlüpfen. Die etwas größeren Kleinmeisen, Sumpfmeisen (11 g), Haubenmeisen (10 g), Blaumeisen (11 g) und Weidenmeisen (10-11 g) wollen bei Gelegenheit auch in Nistgeräte mit 26 mm breiten Fluglöchern einschlüpfen, sie zwängen sich mühsam hinein und heraus. Bis ihre Jungen flügge sind, haben sie über 6.000 Futterflüge ausgeführt. Sie wetzen sich dabei die Federn an ihrem Flügelbug rechts und links meist so stark ab, dass es blutet und schmerzt. Manche Meisenpaare unterließen dann das Füttern ihrer Jungen, die alle eingingen. Daher wird das enge Flugloch von 26 mm Weite nicht mehr verwendet, sondern nur noch eine Fluglochweite von 27 mm, die für alle 6 Kleinmeisenarten geeignet ist. Doch erst bei 28 mm könnten einjährige Kohlmeisen und Feldsperlinge knapp einschlüpfen, was bei 28,5 mm ohne weitere Anstrengung möglich wäre. Aber Kohlmeise, Feldsperling und auch der Kleiber bevorzugen ein größeres ovales Flugloch von 3 x 4,5 cm, das für ihre Füße bequemer als ein rundes Flugloch ist und dazu noch dem Kleiber die Möglichkeit zum „Kleben" gibt (siehe Seite 110).

**Geeignete Vogelnistgeräte**
Die sich alljährlich wiederholenden Verluste bei den Singvogelbruten infolge unzulänglicher Nistgeräte sind vermeidbar! Die günstigsten Ergebnisse wurden nicht mit runden Höhlen, sondern mit rechteckigen Nistkästen aus Holzbeton und einer inneren Brutraumfläche von 14 x 19 cm sowie einem Fluglochvorbau als Schutz vor dem Ausrauben durch den Baummarder erzielt. Die Singvögel wollen nicht tief unten, sondern aus Sicherheitsgründen als

*Aus den ungeschütz Holznisthöhlen zieht Baummarder Singvö und Fledermäuse mit sei Pranke leicht hera*

Baummarder als Vogelräuber

Schutz vor ihren Feinden möglichst weit hinten ihre Nestmulden für ihre Eier und Jungen anlegen. Die Altvögel haben in diesen Nistkästen nach dem Einschlüpfen durch das Flugloch einen »Vorplatz«, auf den sie hüpfen und von dem aus sie ihre Jungen füttern, ohne auf sie treten zu müssen.

Die Reihenversuche ergaben außerdem, dass ovale Fluglöcher mit 3 x 4,5 cm bevorzugt von Kleiber und Gartenrotschwanz angenommen werden, insbesondere im Vergleich mit runden Fluglöchern mit 3,2 cm Durchmesser.

Nur die Blaumeise benötigt runde Fluglöcher von genau 27 mm Durchmesser, um der Konkurrenz von Kohlmeise und Kleiber zu entgehen. Versuche ergaben, dass die Blaumeise auch mehr Helligkeit am Nest liebt, daher empfiehlt sich für sie der Nistkasten mit 3 runden Fluglöchern von je 27 mm Durchmesser. Ein rundes Einflugloch mit 34 mm bietet 12 Singvogelarten Nistgelegenheit.

*Nisthöhlen aus Holzbeton erschweren durch ein verlängertes Einflugloch mit 34 mm Durchmesser (Typ Schwegler Tarnhöhle 3SV) Mardern den Zugriff.*

Mit 2 ovalen Fluglöchern von je 3 x 5 cm Durchmesser ist den viel Helligkeit im Innern des Nistkastens liebenden Nischenbrütern besonders gedient. Für den Baumläufer wurden angepasste Spezialnistkästen konstruiert. Für den Wald sind es 4 Nistkästen für die kleinen Singvögel, die Verwendung finden. Größere Nistkästen aus Holz für Hohltaube, Wiedehopf, Blauracke, Rauhfußkauz und Sperlingskauz sowie Schellente und Gänsesäger erhalten einen ovalen Einsatz für die Eier und reichlich Brutraum nach hinten. Buntspecht, Marder und Eichhorn beschädigen diese Kästen nicht, da sie durch die großen Fluglöcher einschlüpfen können. Man sollte sie daher an alleinstehende Bäume mit einer Blechmanschette hängen. Neuerdings werden für diese Vogelarten auch Holzbetonhöhlen mit speziellem Marderschutz angeboten.

*Gegen Diebstahl und Vandalismus nützt mitunter ein Eigentumskennzeichen am Nistkasten (Foto: J. Gepp).*

Starenkästen aus Holz, auch aus Holzbeton (4,6 cm Fluglochdurchmesser), sollte man im Wald nicht aufhängen, um nicht zur Vergrößerung der Starenschwärme und den durch sie verursachten Schaden in Kirsch- und Weinbaugegenden beizutragen. Der Nutzen der Stare ist für die Forstwirtschaft von untergeordneter Bedeutung, da Stare ihre Nahrung, auch für die Jungen, in erster Linie außerhalb des Waldes auf den Wiesen suchen und sich im Wald erst dann in größerer Zahl einstellen, wenn die Übervermehrung eines Forstinsekts bereits in vollem Gang ist. Stare können aber Kohlweißlinge im Schmetterlingsstadium dezimieren.

Wo an klaren Bächen im Wald und am Waldesrand Wasseramsel und Gebirgsbachstelze vorkommen, können für beide Vogelarten unter größeren Brücken geeignete Nistkästen aus Holz im oberen Brückenteil, gut gegen Sicht geschützt, angebracht werden.

## Anzahl und Verteilung der Vogelnistkästen im Wald

Die Beantwortung dieser Frage ist die wichtigste der Nistkastenphilosophie und hängt davon ab, ob der Waldbesitzer oder Revierverwalter

a) die in Betracht kommenden Vogelarten nur erhalten will, weil sie zur Heimatnatur und somit auch zu seinem Wald gehören oder ob er

b) vorbeugend gegen eine Zunahme bestimmter Schadinsektenarten nutzbringende Vogelarten vermehrt anzusiedeln beabsichtigt, um Zuwachsverminderung beim Nutzholz durch schädliche Insektenarten möglichst gar nicht entstehen zu lassen.

*Der Trauerschnäpper füttert seine Jungen nur noch vom Flugloch aus, weil er nicht mehr in die zu enge Höhle hinabhüpfen will. Die beiden abgedrängten Jungen wurden später verhungert im Nest liegend gefunden.*

Trauerschnäpperjunge

**Zu a)** Für die Erhaltung der höhlenbrütenden Singvogelarten, Kohl-, Blau-, Tannen-, Hauben-, Sumpf- und Weidenmeise, sowie Baumläufer, Kleiber, Wendehals, Gartenrotschwanz, Trauer- und Halsbandschnäpper sollte auf 5 ha Holzbodenfläche im Durchschnitt wenigstens 1 Nistkasten aufgehängt und betreut werden. Die Verteilung der einzelnen Nistkastenarten erfolgt so, dass ungefähr 60% der Nistkästen ovale Fluglöcher (3 x 4,5 cm) und 20% 3 runde Fluglöcher (27 mm Durchmesser) haben. Das ovale Flugloch wird von Kleiber, Kohlmeise, Wendehals und Gartenrotschwanz angenommen, während die 3 runden Fluglöcher im Laubwald (besonders Eiche) von Blaumeise und Sumpfmeise, im Nadelwald von Tannen-, Hauben-, Sumpf- und Weidenmeise angenommen werden. Trauer- und Halsbandschnäpper sowie Sumpfmeise und Feldsperling zeigen gelegentlich Vorliebe für das größere ovale oder das kleinere runde Flugloch; ihnen scheint die Waldörtlichkeit wichtiger zu sein. Für den Baumläufer werden 10% der Nistkästen, und zwar seine Spezialnistkästen aufgehängt. 10% sollen Nischenbrüterkästen mit 2 ovalen Einfluglöchern sein. Diese hängt man auch für Graue Fliegenschnäpper, Bachstelzen, Zaunkönige und Hausrotschwänze in der Nähe von und an Pflanzgartenhütten, Weihern und sonnigen Laubholzwaldrändern auf. In diesen Nischenbrüterkästen mit 2 ovalen Fluglöchern (3 x 5 cm) findet man immer häufiger auch alle anderen höhlenbrütenden Singvögel mit Ausnahme des Kleibers. Wo Trauerschnäpper und Rotkehlchen vorkommen, können vermehrt diese Nischenbrüterkästen mit Erfolg angeboten werden.

*Die Erweiterung des Einflugloches kann für Spechte und Eichhörnchen durch eine aufgesetzte Verstärkungsplatte aus Hartholz erschwert werden (Foto: J. Gepp).*

Bei einer geringen Anzahl von einem Nistkasten auf 5 ha streiten schon im März/April vor der Brutzeit die Vogelpaare um die wenigen Nistplätze. Wenn dann Rotschwänze, Fliegenschnäpper und Bachstelzen als Zugvögel zurückkehrend erst im Mai mit dem Nestbau beginnen können, finden sie in allen Nistkästen schon Meisen und Kleiber auf ihren Gelegen brütend vor. Darum gehe man, wenn möglich, von der äußersten Mindestzahl an Nistkästen ab und biete etwas mehr Nistgelegenheiten an. Auch diese werden gut besetzt und selten bleiben welche leer. Von den ausgeflogenen Jungvögeln findet im nächsten Jahr ein Teil in insektenbedrohten Revieren, in denen gegebenenfalls viele Nistkästen hängen, eine neue Bleibe.

Bei Aktionen mit gängigen Vogelnistkästen sollten aus Gründen des Naturschutzes zusätzlich Spezialnistkästen für selten gewordene Arten wie Hohltaube, Wiedehopf und Blauracke sowie Schellente, Rauhfußkauz und Sperlingskauz, auf 100 ha wenigstens zwei Holznistkästen mit entsprechender Größe und Fluglochweite, aufgehängt werden. Diese Nistkästen werden in Gebieten ohne Vorkommen der genannten Vogelarten fast immer von Star, Eichhorn, Hornisse, Wespe, Honigbiene und auch Kleiber, ja selbst von Kohl- und Tannenmeise sowie von Gartenrotschwanz bezogen. Der Star als häufigster Bewohner solcher großer Nistkästen meidet jedoch das vom Waldrand weit entfernte Waldesinnere.

*Die Haltbarkeit der Holztonkästen von bis zu 25 Jahren spricht für ihre Anwendung der Forstwirtscha[...]*

**Zu b)** Mit einer erhöhten Anzahl Nistkästen werden vorwiegend solche Reviere versorgt, von denen bekannt ist, dass sie durch eine von Singvögeln dezimierbare Insektenart schon einmal einen stark schädigenden Fraß oder gar Kahlfraß erlitten haben und somit als insektengefährdet anzusehen sind. Aus der Tabelle von Seite 58 geht hervor, wieviele Nistkästen aufgehängt werden

*Einfache Meisenkästen könn[en] von bastelfreudigen Berg- u[nd] Naturwächtern kostengünst[ig] in großen Mengen erze[ugt] werden. Ihre Haltbarkeit lie[gt] zwischen 8 und 12 Jahren, [bei] geeigneter Außenimprägn[ie]rung überstehen sie [an] trockenen Standorten au[ch] 18 Jahre (Foto: A. Barbi[...])*

Eine Frage der Haltbarkeit: Holz oder Holzbeton

können und mit welchen %-Sätzen ausgeflogener Bruten zu rechnen ist. Es bleiben in witterungsmäßig normalen Jahren im großen Durchschnitt 10 bis höchstens 15% der Nistkästen ganz leer.
Von Jahr zu Jahr schwankend ist die Besetzung der Nistkästen mit Hummeln, Wespen und Hornissen. In Laubholzbeständen nimmt die Zahl der Mäuse und Schläfer in mardersicheren Nistkästen örtlich oft erheblich zu.

## Günstige und ungünstige Aufhängeorte für Vogelnistkästen im Wald

Gesundes Gedeihen und normales Ausfliegen einer jeden Vogelbrut im Wald braucht Nistkästen mit ausreichender Helligkeit, Trockenheit, etwas Sonnenbestrahlung, mit Wärme und leichter Luftbewegung. Im Gegensatz dazu scheuen sich die Vogelpaare, Nistkästen in einem sonnenlosen, kühlen und ständig windstillen, leicht feuchten, gleichaltrigen Fichtenstangenholz für die Aufzucht ihrer Jungen zu wählen. Trügerisch ist im Frühling der sonnenhelle Buchenwald vor dem Laubausbruch. Er erscheint den Meisenpaaren Ende April willkommen zu Nestbau und Eiablage. Aber mit einem Mal schlagen die Buchen aus, lassen keinen Sonnenstrahl mehr durch ihr breites Blätterdach ins Waldesinnere dringen und vertreiben rasch die Frühjahrsblüher Buschwindröschen, Leberblümchen, Feigwurz, Lerchensporn und Veilchen. Der Waldboden ist dann wieder ohne Grün wie im dichten Fichtenbestand. In solch schattigen und feuchten Waldbeständen, besonders bei großer Ausdehnung, verlassen dann die Meisen ihre Gelege in den leicht feucht gewordenen Moosnestern. Aus diesen Gründen müssen in solchen Fällen die Nistkästen an die erste Baumreihe der Bestandsränder von Fichte und Buche gehängt werden, wo Luft, Licht und Sonne die Vogelbruten noch gedeihen lassen. In extrem warmen Sommern wird direkte ganztägige Sonneneinstrahlung bei kleinen Nistkästen problematisch! In Nistkästen mit ausreichendem Innenraum von 14 x 19 cm sitzen die Jungen hinten im gut durchwärmten, trockenen Nest und fühlen sich wohl.
In Hanglagen bestehen Ausgleichsmöglichkeiten gegen Schatten, Kühle und Feuchtigkeit. In Senken mit viel Nebel, auch noch im Frühjahr, bleiben die Nistkästen gern leer. Bei Waldbeständen mit vorwiegend Fichte, Buche und Tanne sucht man als geeignete Aufhängeorte möglichst von Morgensonne beschienene Bestands-, Abteilungs- und Wegränder sowie Wegkreuzungen und bringt dann hier die Nistkästen in etwas näherem Abstand (bis 25 m) voneinander an. Wenn möglich, sollten an Buchenstämmen keine Nistkästen angebracht werden, da Buchen viel Feuchtigkeit ausstrahlen und Graue Waldschnecken gern in die Kästen kriechen; außerdem wächst eine Aufhängespirale samt Nagel leicht ein und wird überwallt.

An sehr dicht beasteten Randbäumen und am Fichtenwaldsaum müssen gelegentlich über den Nistkästen einige Äste herausgesägt werden, um Licht und Sonne von schräg oben her an die Nistkästen gelangen zu lassen. Je mehr die Bestände von Eichen, Kiefern und Lärchen, auch Birken, durchsetzt sind und je ungleichartiger und je älter (ab 40 Jahren) die Waldbäume sind, desto heller und luftiger wird es im Wald und um so mehr günstige Aufhängeorte werden möglich. In reinen Kiefernbeständen auf Sandboden, in Eichenmischwäldern und reinen Eichenwäldern bieten oft die gesamten Waldflächen gleichmäßig

*Übersichtsplan (=Revierkart der ausgehängten u nummerierten Nistkäste*

## Übersichtsplan ausgehängter Nistkästen

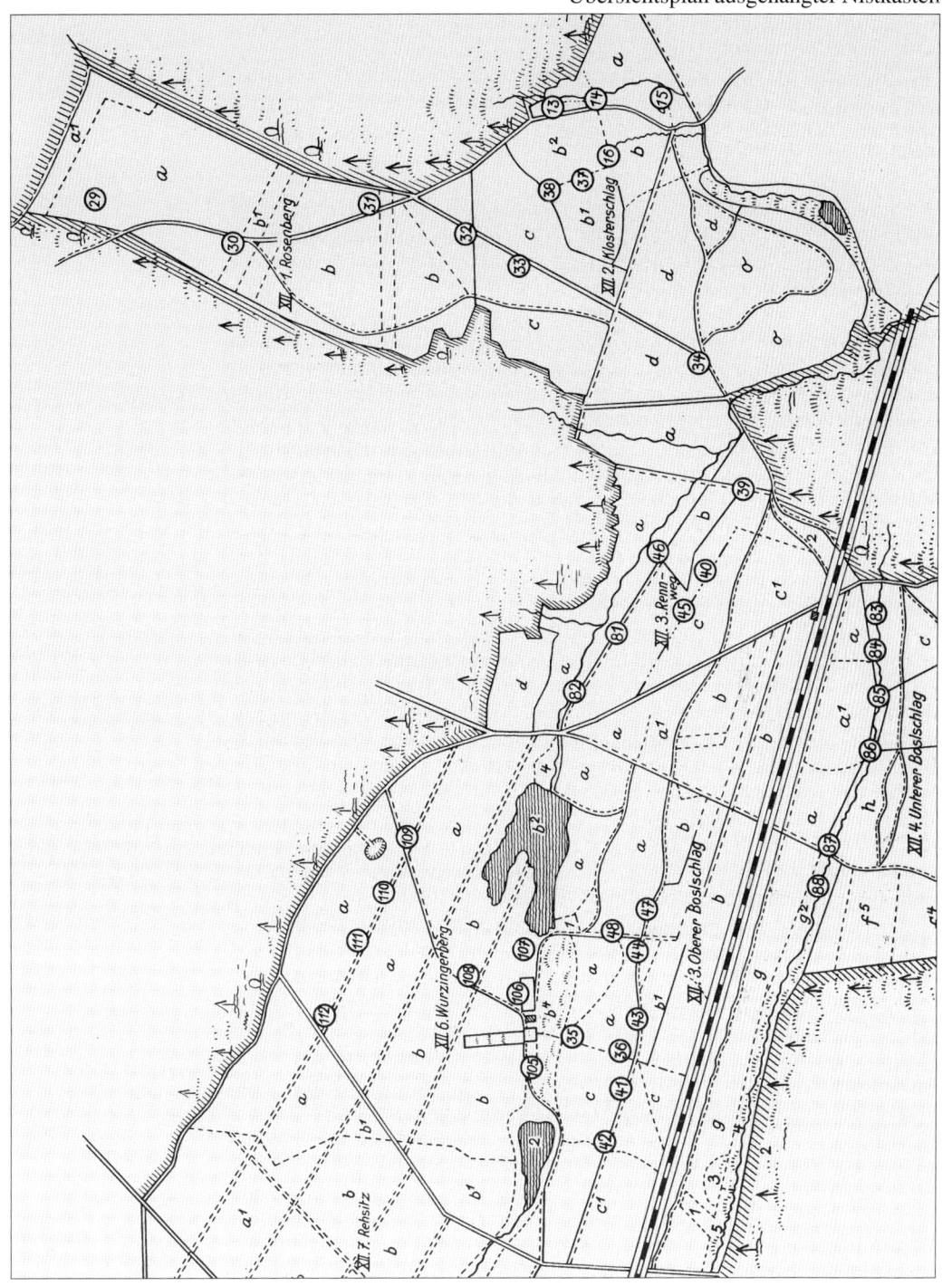

geeignete Aufhängeorte, wobei die Nistkästen besonders entlang der Waldwege und Schneisen aufzuhängen sind.
Die Fluglöcher der Nistkästen sollten grundsätzlich der größten Helligkeit zugewendet sein, in zweiter Linie wegen der Morgensonne erst nach Osten oder Südosten. Man beachte vor dem Aufhängen eines Kastens genau, dass der gewählte Platz noch möglichst viele Jahre lang günstig bleibt und kein baldiges Umhängen erforderlich wird.
Die Spezialnistkästen für Baumläufer sollten möglichst im Altholz des Nadel- und Laubwaldes an rauborkigen Bäumen mit angepasstem Umfang aufgehängt werden, wobei jeweils 2 Stück im Abstand von 50 bis 100 m den zweimal brütenden Baumläufern am besten dienen.

**Wann, wo und wie Nistkästen aufhängen?** Meisenkästen werden im Garten am besten im Spätsommer in 1,5 bis 2 m Höhe an Baumstämmen, starken Ästen oder Gebäudewänden aufgehängt, im Wald in 4 m Höhe. Die Kästen können mit Aluminium-Nägeln oder Radbügeln an zeitweise beschatteten und von der Wetterseite abgewandten Seiten befestigt werden. Die Öffnungen sollten freien Zu- und Abflug ermöglichen. Meisenkästen sollten senkrecht und leicht nach vorne geneigt angebracht werden; sie sollen das ganze Jahr im Freien verbleiben, da sie im Winter als Schlafhöhlen dienen.

**Abstand der Vogelnistkästen voneinander**
Eine größere Anzahl verschiedenartiger Versuche, die sich über 30 Jahre hinzogen, führten in 12 Forstamtsbezirken zu genauen Ergebnissen bezüglich der Frage, in welchen Abständen man Vogelnistkästen aufhängen soll, damit die bestmöglichen Ergebnisse an ausgeflogenen Singvogelbruten erzielt werden und die Vogelbrutpaare sich von hier aus zur Nahrungssuche überallhin in das Bestandesinnere und in die Gipfelregionen verteilen. Hängt man neben den Wegen und Schneisen, die die Waldbestände durchziehen, sowie an Waldstraßen und Waldrändern entlang alle 25-50 m einen Nistkasten auf, der ausreichend Helligkeit, Sonne und Wärme erhält, so erreicht man an diesen von den Vögeln sichtlich bevorzugten Plätzen die beste Besetzung und höchste Zahl ausgeflogener Bruten. Bei einem Abstand von 100 und mehr Metern je Nistkasten macht sich dagegen meistens schon eine auffällige Abnahme der gleichmäßigen Besetzung bemerkbar. Es kann dann unabhängig von den verschiedenen örtlichen Verhältnissen in den einzelnen Revieren festgestellt werden, dass sich die während der Brutzeit angesiedelten Singvögel nicht beliebig weit entfernt voneinander aufhalten, sondern in einer auffälligen Stimmfühlung miteinander bleiben wollen, um sich gegenseitig vor ihren gemeinsamen Feinden rechtzeitig zu warnen, wofür sie sehr hellhörig sind, denn plötzlich können Sperber und Waldkauz überraschend Altvögel und ihre ausgeflogenen Jungen schlagen wollen, oder der Eichelhäher lauert auf kurz zuvor ausgeflogene Jungvögel in der Nähe der Nistkästen. Dieses Bestreben nach Stimmfühlung zur Feindwarnung ist im sonst meist stillen Nadelwald besonders deutlich ausgeprägt bei Haubenmeise, Tannenmeise und Baumläufer sowie bei Trauerschnäpper und Gartenrotschwanz, zuerst ihren Artgenossen, dann auch den anderen Vogelarten gegenüber. Es zeigt sich, dass bei

## Brutzeiten und Brutdauer

| Übersicht wichtiger förderbarer Vogelarten | Wer brütet | Brutzeit (Ausnahmen) | Jährliche Bruten | Bruttage Anzahl | Jungvögel Tage im Nest |
|---|---|---|---|---|---|
| *Bachstelze* | W+M | April-Aug. | 1-2 | 12-14 | 13-14 |
| *Blaumeise* | W | April-Juli (Aug.) | 1(-2) | 13-16 | 16-22 |
| *Dohle* | W | April-Juli | 1 | 17-19 | 30-35 |
| *Feldsperling* | W+M | April-Aug. (Sept.) | 2-3 (4) | 10-15 | 16-18 |
| *Gartenrotschwanz* | W | (E. April) Mai-Juli (Aug.) | 1(-2) | 12-14 | 13-15 |
| *Grauschnäpper* | W | Mai-Aug. | 1-2 | 11-16 | 12-19 |
| *Halsbandschnäpper* | W | (E. April) Mai-Juni (Juli) | 1 | 12-15 | 15-18 |
| *Hausrotschwanz* | W | April-Aug. | 2(-3) | 12-17 | 12-19 |
| *Haussperling* | W+M | April-Aug. (Sept.) | 2-3 | 10-15 | 14-18 |
| *Kleiber* | W | April-Juni | 1 | 15-18 | 23-26 |
| *Kohlmeise* | W | E. März-Juli (Aug.) | 1-2(3) | 12-16 | 17-20 |
| *Mauersegler* | W+M | Mai-Juli | 1 | 18-20 | 37-56 |
| *Mehlschwalbe* | W+M | Mai-Aug. (Sept.) | 1-2 | 14-16 | 23-30 |
| *Rauchschwalbe* | W | (E. April) Mai-Aug. (Sept.) | 1-3 | 12-18 | 20-24 |
| *Star* | W+M | April-Juli | 1(-2) | 12-13 | 16-24 |
| *Tannenmeise* | W | (E. März) April-Aug. | 1-2(3) | 13-15 | 18-21 |
| *Trauerschnäpper* | W | (E. April) Mai-Juni (Juli) | 1 | 12-16 | 14-18 |
| *Wendehals* | W+M | Mai-Juli (Aug.) | (1)-2 | 12-14 | 20-22 |

einem Abstand der Nistkästen von 50-100 und mehr Metern und bei gleichzeitig nicht vielen vorhandenen Vogelbrutpaaren eine Reihe der Nistkästen hintereinander leer bleibt, der dann eine Reihe nacheinander besetzter Nistkästen folgt. Wählt man dagegen nur 25-50 m Abstand, dann sind die leer gebliebenen Kästen besser und einzelner zwischen den besetzten verteilt. Es werden dann gleichmäßiger die leer gebliebenen Kästen von Kohlmeisen und Tannenmeisen für ihre zweiten Bruten sowie von Kohlmeise und Kleiber auch zur Übernachtung benützt. In Revieren mit wenigen Wegen können bei Beständen mit vorwiegend Kiefer oder Eiche die Nistkästen auch noch in einer zweiten Reihe beiderseits der Wege weiter drinnen im Bestand bei ausreichender Lichteinstrahlung angebracht werden. Durch diese räumliche Ordnung der Nistkästen im Wald lässt sich – für das ganze Revier gesehen – eine gute Verteilung der Vogelbrutpaare zur Insektenvertilgung und eine bestmögliche Anzahl ausgeflogener Bruten mit einer zeitsparenden Kontrolle und Reinigung der Nistkästen verbinden.

*Nistkästen als Vogel-Beobachtungsmöglichkeit zu vermitteln ist eine große Aufgabe von Berg- und Naturwächter. Wichtig ist es, neben der Forscherseele Kinde auch Verantwortungsbewusstsein für die anhaltende Nistkastenpflege zu wecken (Foto: J. Gep)*

Der Gedanke liegt zwar nahe, Vogelnistkästen nicht überall im Revier auf günstig erscheinende Bäume zu verteilen, sondern an wenigen Plätzen gehäuft aufzuhängen, um bei der herbstlichen Kontrolle und Reinigung Zeit einzusparen. Man könnte annehmen, dass dicht beisammen angesiedelte Vogelpaare ohne weiteres strahlenförmig weit ins Revier fliegen und dort das Futter für ihre Jungen suchen. Es ist jedoch durch mehrere Versuche bekannt, dass z. B. Kohlmeisen sich bei Nahrungsmangel nur notgedrungen von ihren Nistkästen weiter als 150 m entfernen und höchstens einen Abstand von 220-250 m bewältigen. Bei noch größerer Entfernung ermatten sie sichtlich beim Hin- und Herfliegen, wodurch ihre Jungen zu wenig Nahrung erhalten. Darum versucht im Frühjahr jedes Vogelpaar mit mehr oder weniger Erfolg mindestens 50 m Waldbestand um seinen Nistkasten herum vorwiegend gegen Artgenossen zu verteidigen. Der spätere Nahrungsbedarf für die Aufzucht der Jungen soll dadurch gesichert werden.

Bei unserem Bestreben, ein Schadinsekt, wie z. B. den Kiefernspanner, die Forleule oder den Eichenwickler, auf der ganzen bedrohten Waldfläche mit Hilfe angesiedelter Singvögel niederzuhalten, müsste man die Nistgelegenheiten für die Vögel folgerichtig gleichmäßig auf dieser Fläche verteilen, ohne dass eine Lücke entsteht. Während früherer Jahrzehnte wurde das in der Praxis so gehandhabt, wobei man zudem noch annahm, dass eine Nisthöhle, je tiefer sie im Bestand und je versteckter sie hängt, um so besser von den Vögeln zu Brutzwecken angenommen wird. Kontrolle und Reinigung erforderten aber dementsprechend viel Zeit. Manche vermisste Nisthöhle wurde zeitraubend gesucht. Die Arbeitslöhne spielten damals noch keine so wichtige Rolle wie heute. Heute aber überlegt man, wie man die Nistkastenkontrolle bestmöglich rationalisieren kann. Man versucht, neu aufzuhängende Nistkästen gleich den Waldwegen entlang anzubringen. Das entspricht auch der Beobachtung, dass vorwiegend Gartenrotschwanz und Trauerschnäpper, gelegentlich auch Kohl- und Blaumeise ihre Nahrung an Regentagen weniger an den tropfenden Zweigen im Bestand oder im Unterholz suchen als vielmehr auf grasfreien Wegen und Kreuzungen. Ihr Bauchgefieder wird dort weniger naß. Bei leichtem Wind

*In jeder Gemeinde und Nahbereich jeder Schule soll es eine kleine Vogelnistkastenausstellung mit den gebräuchlichsten Typen unter Hinweis auf die Bezugsquellen geben (Foto: J. Gep)*

# Öffentlichkeitsarbeit

und wärmender Sonne trocknen Wege und Bestandesränder rascher als das mehr windstille Bestandesinnere. Die Besetzung der Nistkästen ist dabei allgemein gut, und die Kontrolle geht rascher vonstatten. Obwohl diese Art der Verteilung der Nistkästen nicht schematisch gleichmäßig ist, passen sich die Vogelbrutpaare dem umliegenden Nahrungsbereich gut an. Man kann beobachten, wie die Vögel nach den verschiedenen Richtungen fliegen, ohne sich gegenseitig zu stören. Bei einem solchen mosaikförmigen Durchsuchen des Waldbestandes nach Insekten bleibt kaum eine Fläche für längere Zeit unaufgesucht. Folgende Voraussetzungen, 1. günstige Aufhängemöglichkeiten, 2. Abstand der Kästen voneinander und 3. durchschnittlich notwendige Anzahl je ha, müssen miteinander in Einklang gebracht werden, damit im Ergebnis weder zu viele noch zu wenige Nistkästen im Revier vorhanden sind. Man richte sich also ganz nach den gegebenen Verhältnissen und hänge die Nistkästen einmal näher und dichter zueinander, ein andermal weiter voneinander und verdünnter auf. Man verliere die Geduld nicht, wenn ein Nistkasten auch einmal 2–3 Jahre leer bleibt, und nehme nicht gleich an, er hänge falsch, denn oft fehlt auch das gewünschte Vogelpaar. Eines Jahres wird auch dieser Nistkasten bezogen, den keiner bleibt im Verlauf mehrerer Jahre immer leer.

*Um Meisen, Kleiber etc. anzulocken und über den Winter zu halten, empfiehlt es sich, im Wald größere Futtertrichter auszuhängen.*

## Die Aufhängehöhe von Vogelnistkästen im Wald

Zur Höhe der Aushängung von Vogelnistkästen in Wäldern gibt es unterschiedliche Meinungen und Erfahrungen. Die allgemein empfohlene Höhe von 4 m bringt einerseits Neugierige Waldbesucher davon ab, Vogelbruten zu stören, andererseits bedarf die regelmäßige Reinigung in dieser Höhe den Einsatz von Leitern. Forstbetriebe stehen heute mehr den je unter Kostendruck, und daher sind billige, bequeme und zeitsparende Nistkastenserien in Augenhöhe angebracht zu diskutieren. Auf die Vogelpopulationen hat die Aushänghöhe im Normalfall keinen entscheidenden Einfluss – mit Ausnahme von mutwilliger Zerstörung, Herausnehmen der Gelege, Diebstahl der Kästen und alltägliche Neugier von Wanderern. In vielen Waldgebieten mag es richtig sein, dass die wenigen Erholungssuchenden, Wanderer, Pilze- und Beerenpflücker sich für die Kästen nicht interessieren. In großstädtischen Nahbereichen kann der Vandalismus aber lästig bis wirtschaftlich gravierend sein. Herabgerissene, zertretene, mit Äxten zerschlagene Nistkästen sowie das Einsammeln hunderter Vogeleier, all das gibt es zeitweise. In besonderen Fällen verließen nach mehrmaligen Störungen zwischen Anfang und Mitte Mai (beliebteste Wanderzeit der Erholung suchenden Städter) Kleiber, Baumläufer, Sumpf- und Weidenmeisen häufiger als Kohl-, Blau- und Tannenmeisen ihre Gelege. Kleiber, Blaumeise und Trauerschnäpper nehmen solche niedrig hängenden Kästen ungern an. Die gegen Störung sehr empfindlichen Fledermäuse, die gern in Vogelnistkästen übertagen, meiden ebenfalls niedrig hängende Vogelnistkästen. Viele Wanderer, die an niedrig hängenden Vogelnistkästen vorbeikommen, können nicht widerstehen, nachzuschauen, was sich wohl darin befindet. Dadurch stören sie oft erheblich, ohne böse Absicht. Die Vögel werden immer aufs Neue verängstigt, vom ungestörten Brüten abgehalten und am gleichmäßigen Füttern ihrer Jungen gehindert. Solche Nachteile für die mit erheblichen Kosten angesiedelten Singvögel des Waldes wiegen die paar Euro nicht auf, die man bei einer

*Ein selbst gefertigter „Maiskolben-Spender" kann größeren Körnerfressern winterliche Notnahrung bieten*

# Winterfütterung

Großfütterungsgeräte bieten einerseits für längere Zeit Futter, andererseits verhindern mehrere Futterentnahmestellen mitunter tödlichen Konkurrenzkampf.

Weichfuttersilos sollten mit getrockneten Waldbeeren, Rosinen, Haferflocken und mit Stückchen von getrocknetem Fleisch gefüllt werden.

Im Fichtendickicht schützen dürre Äste um einen Futterspender die Vögel vor einem plötzlichen Überfall durch einen Sperber.

Nistkastenkontrolle »in Augenhöhe« einzusparen glaubt, statt mit einer leichten Aluminiumleiter die Kontrolle durchzuführen und aus den in geschützter Höhe hängenden Kästen im Herbst die alten Nester zu entfernen sowie genaue Ergebnisse festzustellen. Es sollte in das Ermessen des Revierbeamten gestellt werden, ob er es verantworten kann, dass Nistkästen in seinem Wald nur in Augenhöhe aufgehängt werden.

**Befestigungsmöglichkeiten für Vogelnistkästen im Wald**
Die Befestigung von Nistkästen muss mehreren Aufgaben gerecht werden: Sie soll haltbar sein, die Bäume möglichst wenig beschädigen und den Schutz vor Nesträubern aufrechterhalten.
Es gibt immer neuere Ansätze ideale Aufhängevorrichtungen für Vogelnistkästen zu finden, vor allem damit der Kasten leicht am Baum aufgehängt, aber nicht heruntergestochert werden kann.
Die einfachste Aufhängemöglichkeit besteht heute darin, dass der Aufhängedrahtbügel oben in der Mitte zu einer Öse gedreht ist, wie sie seit einigen Jahren angeboten wird. Sie hat sich sehr gut bewährt und ist zugleich die billigste Aufhängeweise. Der Aufhängebügel kann leicht seitlich über den Aluminiumnagelkopf ein- und ausgehängt werden. Die Legierungen der angebotenen Aluminiumnägel sind soweit erprobt, dass sie sich auch in Hartholz einschlagen lassen. An Buchen sollten möglichst keine Nistkästen angebracht werden, nicht nur, weil die Rinde Feuchtigkeit abgibt, sondern auch, weil die Buche mehr als jede andere Holzart dazu neigt, Fremdkörper stark zu überwallen.
Während des Aufhängens von Vogelnistkästen achte man darauf, dass die Nistkästen senkrecht, höchstens leicht nach vorn übergeneigt hängen, aber nie nach hinten, damit sich bei Regen kein Wasser im Inneren sammeln kann.

**Montage mit neuen Stiften:** Ein heikles Problem ist die Kastenmontage mit Nägeln oder Schrauben. Die Sägewerke verfügen fast alle über Metalldetektoren, die eventuell im Stamm verbliebene Metallschrauben oder -nägel erkennen und ihn daher ausscheiden. Die tierfreundlichen Waldbesitzer hätten dadurch einen wirtschaftlichen Schaden, der aber vermeidbar ist. Dem Fledermausfachmann der Steiermark, Herrn Bernd Freitag ist es in Zusammenarbeit mit der Montanuniversität Leoben gelungen, mit Erlaton einen Kunststoff-Stift zu finden, der folgenden Kriterien entspricht: Kältebeständig bis minus 50 Grad C; wärmebeständig bis plus 90 Grad C; UV-beständig; so hart, dass der Stift mit dem Hammer in ein vorgebohrtes Loch eingeschlagen werden kann: keine Erkennung durch Metalldetektoren; keine Schädigung des Holzes; keine Wertminderung des ersten Bloches; keine Schädigung der Säge.

*In Waldbäume sollten nur Aluminiumnägel oder besser Stifte aus dem Kunststoff Erlaton eingeschlagen werden, die in Sägewerken keine Schäden verursachen.*

*Aufhängeklötzchen (Typ Schwegler C-Klötzchen) ermöglichen mit Hilfe einer Gabelstange das rasche Abnehmen, Reinigen und Aufhängen von Nistkästen.*

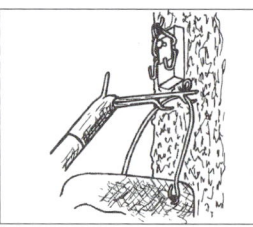  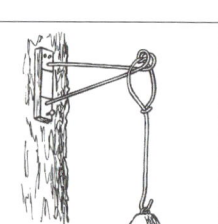

*Holzbetonkästen können mit U-förmigen Bügeln und Aluminiumnägeln oder, leichter abnehmbar, mit einer Zusatzaufhängung an Baumstämmen befestigt werden (links). U-förmige Bügel können wie die Haken-Bügel (Mitte) über Äste gehängt werden, wozu ein Gabelstange dienlich ist, oder mittels Abstandhalter (rechts) freihängend an Stämmen befestigt werden. Sind die Bruträuber im Revier häufig, dann sind freihängende Anbringungsmethoden zu empfehlen.*

## Aushängen und Kontrolle

*Zum Reinigen und Kontrollieren der Nistkästen ist eine transportable (und daher leicht zusammenlegbare) Alu-Leiter notwendig. Während des Freiräumens des Nistkastens sollten keine Personen darunter stehen, da trockener Vogelkot Augenentzündungen bewirken kann und auch herabfallende Parasiten wie Flöhe und Milben lästig werden können.*

*Die Aufhängung mittels Baumabstandhalter und Drahtöse ermöglicht es, die Nisthöhle zur Kontrolle und Reinigung jederzeit abnehmen zu können. Sie schützen teilweise vor Nesträubern – zumindest vor Katzen (Foto: J. Gepp).*

# Bewohner der Vogelnistkästen und ihre Lebensweise

## VÖGEL

Jede Vogelart besitzt trotz individueller Unterschiede jedes einzelnen Vogels eine arttypische Veranlagung für die Niststoffauswahl und den Bau der Nester. Die Möglichkeit des einzelnen Vogels, sein Nest nach dieser Veranlagung herzustellen, wird durch die meist nur in 30-50 m Umgebung vorhandenen Nistmaterialien beeinflusst, d.h., der Vogel kann manchmal bevorzugte Baustoffe wegen Fehlens nicht verwenden, die er im Fall ihres Vorhandenseins in großer Menge verwenden würde, besonders wenn es sich um Haupt- oder Lieblingsbaustoffe handelt. Für die Bestimmung eines Nestes ist es auch von Wichtigkeit, ob der Vogel eine größere Bruthöhle mit Nistmaterial ausfüllen kann oder ob er sich mit einem engen Raum begnügen muss. Im letzteren Fall ist es ihm nur möglich, hauptsächlich diejenigen Niststoffe einzutragen, welche der Nestmulde Form und Halt geben. In vielen Fällen wird vor allem nach der Brutzeit die Unterscheidung von Meisennestern schwierig, ja oft unmöglich.

**Kohlmeise**, *Parus major:* Als häufigste, größte und stärkste Meisenart in allen Wäldern mit verschiedenen Holzartenzusammensetzungen heimisch, weniger im montanen und hochmontanen Alpenraum. Nach der Brutzeit ziehen in Mitteleuropa viele, vorwiegend Jungvögel westwärts, um den Winter hauptsächlich in nicht zu kalten und nicht zu schneereichen Gegenden der Rhein-Main-Ebene, Frankreichs, Belgiens, Hollands und Spaniens zu verbringen; Rückkehr im Februar/März. Nur ein Teil der Altvögel und noch weniger der noch lebenden Jungvögel harrt den Winter über bei uns in Mitteleuropa aus und ist für Fütterung in Wald und Garten sehr dankbar. *Nest:* Holt alles Nistmaterial in der Umgebung des Nistplatzes und nur vom Waldboden; baut als einzige Meisenart bei Nestbeginn und Moosarmut im Nadelwald mit Würzelchen von Heidelbeere und Heidekraut, im Laubwald mit vergilbten Blattstängeln vorwiegend des Bergahorns, darauf große Bodenmoose, vorwiegend Etagen-, Glanz- und Bürstenmoos; für die Nestmulde reichlich Wolle und Wildhaare; auf der Nestoberfläche und teils auch in die Nestmulde werden Federn aller Farben verwendet; im Laubwald werden dazu wenige vergilbte Grashalme zwischen dem Moosaufbau und einige Baststreifen auf die Nestoberfläche gelegt; verwendet nie Laub und Rinde. Im sehr trockenen Kiefernwald werden Bart- und Rentierflechte, weniger Moos, auch Kiefernnadeln, auch von Weymouthskiefer als Unterlage für Wolle und Haare der Nestmulde eingetragen; *Eizahl:* 8-12, selten etwas mehr, meist weniger, besonders bei Zweitbruten und Nachgelegen nach Verlust des ersten Geleges oder der noch nicht flüggen Jungen. *Jährliche Bruten:* im Laubwald 1, im Fichten-, Kiefern- und Lärchenbestand in der Regel 2 Bruten. *Fluglochweite:* 3 x 4,5 cm, oval, bzw. bei Holzkästen 32 mm. Bezieht auch Nischenbrüterkästen mit 2 ovalen Fluglöchern (3 x 5 cm).

*Kohlmeisen zählen den häufigsten Holznistkaste bewohnern (Einfluglo 32 mm) in Wald und Gar (Foto: J. Gep*

Kohlmeisenfütterung

*Ein frisches Gelege der Kohlmeise wird vor dem Brutbeginn nicht mehr zugedeckt. Habitat: Fichten, Altholzrand mit Weg.*

Frisches Kohlmeisengelege

*Frisches Kohlmeisengelege, nicht mehr zugedeckt, vor Ausformung der Nestmulde. Habitat: Fichten-, Kiefern-, Buchen-, Eichenaltholz.*

*Frisches Kohlmeisengelege, nicht mehr zugedeckt, vor Ausformung der Nestmulde. Habitat: trockener Kiefernaltholzbestand mit spärlichster Bodenbedeckung aus Moosen und Flechten auf Sandboden.*

## Sieben Tage altes Kohlmeisengelege

*Seit 7 Tagen bebrütetes Kohlmeisengelege in der festgeformten Nestmulde, in der die Eier gut gewärmt und leicht gewendet werden können. Habitat: Fichtenaltholz am Wegrand.*

**Blaumeise**, *Parus caeruleus: Vorkommen:* wesentlich seltener als die Kohlmeise; meidet raue höhere Lagen, dichten Fichten- und Kiefernwald, jedoch nicht größere Lärchenbestände, die sie gern besiedelt und bei reichlicher Nahrung durch den Grauen Lärchenwickler und die Lärchenminiermotte bringt sie zum Teil sogar 2 Bruten durch; bevorzugt sonnigen, warmen Laubwald, vorwiegend mit Eichen, Linden, Hainbuchen und Birken. Ihr Vorkommen ist dort einigermaßen häufig, wo sie ausreichend geeignete Nistkästen mit nicht zu geringem Brutraum und genau 27 mm kleinen Fluglöchern erhält. *Nest:* Holt alles Nistmaterial nur vom Waldboden, genau wie die Kohlmeise, nimmt aber feinere Bodenmoose, wie z. B. Dreiblättriges Kranzmoos, Riemenstängelmoos, Mäuseschwanzmoos und Samtkegelmoos. Keine Würzelchen wie die Kohlmeise zu Nestbeginn; Nestaufbau gern mit besonders reichlich Moos, dazwischen einige wenige lange, dünne und vergilbte Grashalme; auf der Nestoberfläche immer viele feine gelbbraune Bastfasern abgestorbener Äste von Eichen, Linden, Ulmen und Weiden sowie hellfarbige kleinere und weiche Federn von Wildtaube, Eichelhäher und Eulen, dazu reichlich Wildhaare und Wildwolle; auf der Nestoberfläche öfter verzwirbelte grüne, zarte Blattstückchen von Hainbuche, Haselnuss, Haselwurz, Taub- und Goldnessel, Gundermann und Waldziest, auch grüne, frische Lärchennadeln. Der Gesamteindruck des Blaumeisennestes ist zierlich im Gegensatz zum Kohlmeisennest, es hat eine hellere Gesamtfarbe und mehr vorwiegend bläuliche Federn. Nie finden braune Blätter, Rinde und Kiefernnadeln Verwendung. *Eizahl:* 8-13. *Jährliche Bruten:* 1, bei größeren Lärchenvorkommen selten auch 2 Bruten. *Fluglochweite:* Bevorzugt 27 mm rund sehr, um vor Kohlmeise und Kleiber absolut sicher zu sein. Doch nicht enger als 27 mm, da sonst zu starke Gefiederabnutzung für Weibchen während der Jungenaufzucht und Einschlupf für stärkere Männchen nicht möglich ist. Bei einem runden Fluglochvon 27,5 mm Durchmesser können bereits schlanke Kohlmeisenweibchen eindringen. Um mehr Helligkeit für die Jungenfütterung im Blaumeisennistkasten zu erreichen, werden der Blaumeise jetzt Nistkästen mit 3 Einfluglöchern zu je 27 mm Durchmesser geboten, die sie gern annimmt.

*Stark bebrütetes Blaumeisegelege in einer gut au geformten Nestmulde. Die Blaumeise fand in d Umgebung keine Feder schmückte aber ihr Nest n verzwirbelten, grüne Blattstückchen. Habita Alteichen-Reinbestan*

Blaumeisengelege im Eichenwald

*Stark bebrütetes Blaumeisengelege in einer gut ausgeformten Nestmulde, geziert mit vielerlei Vogelfedern auf der ganzen Nestoberfläche. Habitat: Eichen-, Hainbuchen-, Eschenaltholz.*

Blaumeisengelege am Waldrand

*Mehrtägig bebrütetes Blaumeisengelege mit vielerlei hellem Federnschmuck auf der Nestoberfläche. Habitat: sonniger Waldrand mit Birken an einem Eichen-Hainbuchenbestand.*

**Tannenmeise**, *Parus ater:* Kleinste höhlenbrütende Meise (7-9 g); *Vorkommen:* Lebt in Wäldern mit mehr oder weniger vielen Fichten bis zu den Alpen, weniger im Kiefernwald; nicht im reinen Laubwald brütend. In Mittelgebirgen häufiger; nach Fichtensamenjahren zahlreicher, im Flachland spärlicher. Das Fehlen höhlenreicher Altholzbestände ist die Hauptursache seines regionalen Gefährdungsgrades. Das Höhlenangebot bestimmt weitgehend seine Wahl des Bruthabitats. Am Südost-Rand der Alpen werden lockere Laub- und Mischwälder bevorzugt besiedelt, im Bergland buchenreiche Laubwälder, im Tiefland auch Auwälder. Nicht scheu, eher zutraulich. Mit ihren hellen und zarten Locktönen und ihrem strophenartigen Gesang belebt sie das ganze Jahr über die sonst stillen Nadelwälder von der Ebene bis zum Gebirge. Zieht im Herbst größtenteils westwärts zu den Höhenlagen der Mittel- und Hochgebirge, wo in klarer Wintersonne die Samen von Fichte und Kiefer auf den Schnee fallen und neben kleinen Insekten ihre Hauptnahrung bilden. Die Nistkastenbesetzungen sind bei der Tannenmeise von Jahr zu Jahr stärker schwankend als bei anderen Meisenarten; Gründe nicht immer erkennbar. *Nest:* Holt kein Nistmaterial vom Boden; gleichmäßiger Nestaufbau mit dunkel- oder gelbgrünem, feinem Baummoos, vorwiegend mit dem am Stamm hochwachsenden Zöpfchenmoos und darüber dem noch feineren Samtfedermoos; auf der Unterseite der Nestmulde schön wirbelig gedreht; kaum einmal haften Fichtennadeln oder Flechtenstückchen im Moos. In sehr trockenen Kiefernbeständen bieten beim Fehlen des Mooses die stets vorhandenen Baumflechten Ersatz. Auf der Nestoberfläche der Nestmulde vorwiegend Rehhaare und möglichst dunkle Wolle von Waldmaus und Maulwurf; wenige kleine Federn, schwarz, grau oder weißlich bei oder in der Nestmulde, die mit reichlich Tierwolle und auch einigen gelblichbraunen Spinnennestwolleballchen (ähnlich der Haubenmeise) ausgestattet wird; nie Laub, Gras, Bast oder Rinde. *Eizahl:* 6-11, fast regelmäßig 9, bei der 2. Brut häufiger 6-8 Eier. *Jährliche Bruten:* 2, selten 3. *Geeignete Fluglochweite:* 3 x 27 mm rund, auch oval 3 x 4,5 cm, wenn das Vertreiben durch Kohlmeise, Kleiber und Haubenmeise fehlt.

*Tannenmeisengelege, nic*
*mehr zugedeckt, kurz v*
*Ausformung der Nestmul*
*und vor Brutbegir*
*Habitat: reiner Fichtenwa*

Tannenmeisengelege

**Haubenmeise**, *Parus cristatus: Vorkommen:* Bewohnt vorwiegend Fichten-Tannenwälder der Mittelgebirge, des Alpenvorlandes und der Alpen; im Flachland spärlich; am liebsten im Fichten-Kiefern-Mischwald mit Lärchen; reinen Laubwald meidend; ortstreuer, nicht häufiger Standvogel; stellenweise sehr selten oder fehlend; Bestand überall zurückgegangen. *Nest:* Holt kein Nistmaterial vom Boden; beginnt Nestbau mit kräftigeren dunkel-, weniger gelbgrünen Baummoosen als Tannenmeise, vorwiegend dem Zypressenmoos, das die Haubenmeise von Stammanläufen und Baumstümpfen holt, wobei zwischen dem Moos einige Fichtenschuppen, Fichtennadeln und auch Flechtenteile haften können. Auf der Nestoberseite liegen vorwiegend Rehhaare und gelegentlich einige weiche Federchen, am liebsten rötlichgraue des Waldkauzes, die auch die Nestmulde zieren. In manchen Fällen ist die Nestmulde ziemlich tief und filzig fest mit Spinneneiernestwolle (weißlichgrau bis rotbraun) ausgepolstert. Diese filzige Nestmulde wird während des Brütens noch ständig verstärkt und erreicht in reinen Fichtenwäldern höherer Lagen eine Tiefe bis zu 5 cm. Die Haubenmeise baut und legt schon Anfang April als erste aller Meisen, daher baut sie ein warmes Nest und legt nur wenige Eier; sie brütet je nach Wetter 13 bis 15 Tage; die Jungen fliegen nach 18-22 Tagen aus. Am Nest ist die Haubenmeise sehr empfindlich und verlässt es bei der geringsten Störung sofort. Sie ist die einzige Meisenart, bei der sich die wenigen Jungen bis zum Ausfliegen in der kleinen Nestmulde aufhalten. Beim Nestbau werden nie Laub, vergilbtes Gras, Bast oder Rinde verwendet: *Eizahl:* 4-7, selten eines mehr, meistens 5-6. *Jährliche Bruten:* Im Fichtenwald 1, im Fichten-Kiefernwald und Kiefernwald der Ebene meistens 2. *Geeignete Fluglochweite:* 3 x 27 mm rund und auch gern 3 x 4,5 cm oval, wenn bei größerem Nistkastenangebot eine Vertreibung durch Kleiber und Kohlmeise ausbleibt.

**Sumpfmeise**, *Parus palustris:* Sehr reviertreu, in allen lichten, älteren Holzarten, außer reinem Kiefernbestand, aber nie zahlreich. Sie liebt die Ebene und sanftes Hügelland mit Buchen, Lärchen, Weiden, Erlen, Wassernähe und viel Unterholz, kommt aber auch am sonnigen Rand reiner Fichtenbestände ohne Wassernähe bei Wegen und Schneisen vor. Sie meidet Gebirgslagen. *Nest:* Holt kein Nistmaterial vom Boden; der Aufbau des ganzen Nestes besteht nur aus zartem, möglichst gelbgrünem Zypressenschlafmoos von Buchenstämmen. An Esche und Fichte wächst dieses Moos dunkelgrün. Die Nestoberfläche wird gern mit Rehhaaren bedeckt; die Nestmulde möglichst mit heller Tierwolle, am liebsten vom Hasen, dann Fuchs, eingefasst, die teils auch mit Rehhaaren kranzartig vermischt werden. Der helle Nestmuldenkranz wird später von den Jungmeisen entsprechend ihrem Wachstum immer weiter ausgedehnt und ist nach dem Ausfliegen der jungen Sumpfmeisen noch gut zu erkennen. Bisweilen finden sich auf der Nestoberfläche auch weiche Federn von Waldohreule oder Eichelhäher. Die Sumpfmeise verwendet nie Laub, Bast, Rinde, Nadeln oder Flechten. *Eizahl:* 7-11, meist 8-10. *Jährliche Bruten:* 1. *Geeignete Fluglochweite:* 3 x 27 mm rund, doch auch oval 3 x 4,5 cm, wenn ihr die Waldörtlichkeit zusagt. Sie baut und brütet als Zweitfrüheste nach der Haubenmeise Mitte bis Ende April und verteidigt ihren gewählten Nistkasten gegen jede andere Vogelart mit Erfolg durch besonders heftiges und lautstark anhaltendes Gezeter.

Haubenmeisengelege

*Leicht bebrütetes Haubenmeisengelege mit verhältnismäßig großen Eiern. Habitat: Fichten-Kiefern-Mischwald.*

*Nach dem Ausfliegen der jungen Haubenmeisen ist die Nestoberfläche nicht mehr gleichmäßig niedergetreten. Die Nestmulde bleibt wegen der wenigen Jungen und der zähen Spinnennestwolle gut erhalten.*

Sumpfmeisengelege

*Leicht bebrütetes Sumpfmeisengelege in einem ausgedehnten Wald mit Baummoos, heller Wolle von Hase und Schaf sowie reichlich Rehhaaren.*

*7–8 Tage bebrütetes Sumpfmeisengelege mit Wolle, Rehhaaren und Zigarettenfilterpapier auf der Moos-Nestunterlage und für die Muldenausgestaltung für das Gelege. Habitat: Fichten-Buchen-Altholz neben Pflanzgartenhütte und Moorwiese.*

Verlassenes Sumpfmeisennest

*Sumpfmeisennest, Junge ausgeflogen; heller Nestmuldenrand, stark gedehnt, aber noch gut sichtbar.*

**Weidenmeise**, *Parus montanus:* Aussehen ist sehr ähnlich der Sumpfmeise, doch mit etwas größerer und dunklerer Kopfplatte, sonst nur durch Stimme unterscheidbar. *Vorkommen:* Sehr ortstreu und wesentlich spärlicher als Sumpfmeise, selbst in geeigneten Lebensräumen fehlend, die ähnlich denen der Sumpfmeise sind. Die Nähe von Wasser und Dickicht scheint ihr jedoch noch wichtiger als der Sumpfmeise zu sein, obwohl sie auch an breiten Wegrändern und Schneisen des reinen Fichten- und Kiefernwaldes weitab von Wasser brütend angetroffen wird. Sie bevorzugt Mischwälder und sumpfiges Gelände mit Birken und Weidengestrüpp sowie sonnige Waldrandstellen mit häufigem Vorkommen von Disteln, Hohlzahn, Wald-Geißblatt und anderen ölhaltige Samen tragenden Kräutern und Sträuchern. *Nest:* In Ermangelung morscher Weiden-, Birken- und Pappelstümpfe, in deren lockerem Mulm sie gern kleine spechthöhlenartige Bruthöhlen anlegt, bezieht sie jetzt mehr und mehr Vogelnistkästen aus Holzbeton und baut in ihnen gleich große Nester wie die anderen Meisenarten. Diese Nester der Weidenmeise sind jedoch ohne umfangreichen Moosaufbau, sondern entweder fast ganz aus feinen Baststreifen, morschen, schmalen Holzstückchen und Wolle, oder das ganze Nest besteht aus letztjähriger Distelwolle oder nur aus Knospenschuppen der Rotbuche, die außer ihr nur die Baumläufer beim Nestbau etwas mitverwenden. Die Nestmulde wird wenig stark mit allerlei Wolle und Tierhaaren, vorwiegend von Fuchs, Marder und Hase ausgepolstert. Federn, vorwiegend von Waldkauz und Eichelhäher, werden nicht von jeder Weidenmeise verwendet. So verschiedenartig die Nester der Weidenmeise auch sein können, so sind sie doch immer charakteristisch für sie. *Ei:* Die Eier sind nicht so kalkweiß wie die der Sumpfmeise, sondern der Dotter ist etwas durchscheinender und kleiner mit schwächerer Punktierung, ähnlich der Blaumeise. *Eizahl:* 6-8. *Jährliche Bruten:* 1. Da die Weidenmeise am Nest sehr empfindlich ist, werden Nachgelege bisweilen für Zweitbruten gehalten. *Geeignete Fluglochweite:* 3 x 27 mm rund.

Keine künstlichen Vogelnistkästen beziehen **Schwanzmeise**, *Aegithalos caudatus* (Kugelnester in Gebüsch und Astgabeln von Waldbäumen), **Bartmeise**, *Panurus biarmicus* (Nester im Schilf auf dem Boden) und **Beutelmeise**, *Remiz pendulinus* (Beutelnester an äußeren Weidenzweigen).

Weidenmeisengelege

*Leicht bebrütetes Weidenmeisengelege im Holzbetonnistkasten mit 14 x 19 cm Brutraumfläche und 27 mm Fluglochdurchmesser. Nest aus leichter Moosunterlage, darauf wenige schmale Bastfasern, mehr Buchenknospenschuppen und reichlich Rehhaare sowie Wolle von Marder und Jungfuchs, auch Eichhorn und Rötelmaushaarbüschel.*

*Weidenmeisennest, aus dem die Jungen ausgeflogen sind; 1 Ei blieb unbefruchtet. Nest hauptsächlich aus Buchenknospenschuppen und viel weißem Zigarettenfilterpapier, wenig Flachswerk und Rehhaaren.*

Kleiber mit Dreilochkasten

*Kästen mit drei Fluglöchern bewähren sich für lichtliebende Höhlenbrüter. Der Kleiber klebte zwei Löcher zu, weil es ihm für seine Jungen im kalten Rindennest Anfang Mai zu kühl war.*

*Kleiberhöhlen aus Holzbeton mit Fluglochweite 32 mm (Typ Schwegler Kleiberhöhle 5KL) sollten immer parallel zu Eulenhöhlen ausgehängt werden, um den „fremdgehenden" Kleiber von diesen abzuhalten.*

*Das unverwechselbare Nest eines Kleibers, bestehend aus zahllosen abgeblätterten Rindenstückchen, speziell von Kiefern.*

*Noch unbebrütetes Kleibergelege. Wo es alte Kiefern gibt, ist das Kleibernest nur a Kiefernspiegelrinde geba Durch zunehmende Schichtu der dünnen Rindenstückch während der Brutzeit erhält d Nest immer mehr Ha Habitat: ausgedehntes Fichte Kiefern-Althol*

Unbebrütetes Kleibergelege

**Kleiber**, *Sitta europaea: Vorkommen:* Verteilt auf alle Wälder; bevorzugt lichte, sonnige Altholzbestände; größte Siedlungsdichte in älteren Fichtenwäldern mit Kiefernüberhältern; hat als das ganze Jahr über sehr standorttreuer Vogel in den letzten Jahrzehnten infolge Verbreitung des für ihn besonders konstruierten ovalen Einflugloches in Holzbetonnistkästen stetig und überall erheblich zugenommen. Um größeren Vogelarten, vorwiegend dem Star, den Einschlupf zu verwehren, verklebt der Kleiber außer dem ovalen Flugloch auch viel größere und runde Fluglöcher mit Lehm bis auf 28/29 mm Durchmesser. *Nest:* Baut im Gegensatz zu allen anderen Höhlenbrütern nie mit Moos, Gras, Bast, Wolle, Haaren und Federn, sondern sein ganzes Nest ausschließlich mit dünner, rotbrauner Kiefernspiegelrinde, der zuliebe er bis zu 800 m weit fliegt, um sie an Überhältern oben zu holen. Im Fichten- und Laubwald ohne Kiefern verwendet er kleine abblätternde Rindenstückchen abgestorbener Äste, dazu auch alte, braune Buchenblattstücke. Den Nestbau beginnt er schon im Februar/März, zuerst mit einer Unterlage aus morschen Holzstückchen verschiedener Größe, um die Trockenhaltung und Durchlüftung des anschließend darüber liegenden geschichteten Rindenschuppennestes bis zur Nestmulde mit den Eiern zu gewährleisten. Diese Schichtung wird später von den Jungen im inneren Nestteil flachgeschoben, wobei auch einige Holzstückchen nach oben wandern. Die Nistweise des Kleibers ist so charakteristisch, dass sie mit derjenigen einer anderen Vogelart nie verwechselt werden kann. *Eizahl:* 6-9, meist 7-8. *Jährliche Bruten:* 1. *Geeignete Fluglochweite:* 1 Flugloch mit 3 x 4,5 cm oval (oder 32 mm rund) wird bevorzugt, wobei der Kleiber seinem Klebetrieb folgend einen Teil der Öffnung meist zuklebt. Trotzdem benützt er immer wieder einmal eines der 3 runden Blaumeisenfluglöcher mit nur 27 mm Durchmesser, durch das er gerade noch durchschlüpfen kann, wobei er die beiden anderen Fluglöcher zuklebt. Hierbei handelt es sich um erst einjährige Kleiberpaare.

*Der Kleiber wählt bei Holzbetonnistkästen am liebsten solche mit 3x4 cm großen Fluglöchern, weil er sie oben und unten für seinen ihm passenden Einschlupf zukleben kann.*

*Innenseite der Vorderwa eines Hohltauben-Nistkaste Das 7,5 cm große Flugloch der Kleiber bis auf 2,8 x 2,9 mit Lehm zugemauert. Na dem Ausfliegen seiner Jung bezogen Honigbien den Nistkaste*

Spuren von Kleiber und Honigbienen

Von Natur aus brüten Baumläufer hinter der abstehenden Rinde abgestorbener Bäume (hier Fichte), wozu sie im heutigen Wirtschaftswald nur selten die Möglichkeit haben.

Das Baumläufernest ist vor allem mit länglichen Baststreifen und Holzspänen ausgelegt.

**Baumläufer**, *Certhia familiaris* und *Certhia brachydactyla:* **Wald-** und **Gartenbaumläufer** sehen sich bis auf unbedeutende Abweichungen in Gefiederfarbe, Zehen- und Schnabellänge sehr ähnlich und stimmen in ihrer an Baumstämme angepassten Lebensweise so weitgehend überein, dass sie hier gemeinsam geschildert werden können. *Vorkommen:* Während der Waldbaumläufer alle Nadelwaldungen bevorzugt, hält sich der Gartenbaumläufer mehr im Laubwald und in Parkanlagen auf. Besonders alte und rauborkige Bäume mit ihren vielen Insektenverstecken in tiefen Ritzen und Spalten bieten den nur stammaufwärts in Spiralen ruckweise huschenden Baumläufern das ganze Jahr über eine so weit gesicherte Nahrungsgrundlage, dass auch im Laubwald eine

*Eine natürliche Niststätte ein[es] Waldbaumläufers hin[ter] einer abstehenden Rinde ein[er] toten Fichte. Die fein[en] Fichtenzweige werden m[it] Spinnennestwo[lle] zusammengehalten u[nd] die Nestmulde mit feiner[em] Material ausgele[gt].*

Nestmulde des Waldbaumläufers

2. Brut aufzuziehen möglich ist. Beide Baumläuferarten kommen wegen mangelnder Nistgelegenheiten überall nur spärlich und sehr zerstreut vor. Der kleine, das ganze Jahr über ortstreue, zarte Baumläufer wurde von der Natur dazu ausersehen, sein Nest hinter aufgewölbter Rinde abgestorbener Bäume mit Hilfe vieler aufgeschichteter Reiserchen anzulegen, wozu er in unseren gepflegten Wäldern so gut wie keine Gelegenheit mehr findet. Meisennistkästen will er gar nicht gern annehmen, weil er nicht von vorn zum Flugloch anfliegt, sondern seitlich von der Rinde des Baumstammes heranhüpft und einschlüpft. Es gibt daher für ihn konstruierte Spezialnistkästen, in dem seine Brut vor Marder, Eichhorn, Buntspecht und Eichelhäher geschützt ist. Das Aushängen von Spezialnistkästen kann seine Dichte deutlich heben. *Nest:* Während der Waldbaumläufer seinen Nestaufbau mit Reiserchen von Fichte, Kiefer oder Lärche beginnt, verwendet der Gartenbaumläufer statt dessen im Laubwald verwitternde Blattstängel; dazwischen befinden sich auch öfter kleine Holzstückchen und Spinneneiernestwolle, welche dem Zusammenhalt der Reiserchen bzw. Blattstängel dienen. Vergilbte Grashalme und einige Baststreifen werden für die Umgebung der Nestmulde fast immer verwendet, seltener etwas gelbgrünes, zartes Moos, ja sogar einige Buchenknospenschuppen (wie sie nur noch die Weidenmeise verwendet) und bisweilen abgefallene männliche Blütenkätzchen der Rotbuche. Die Nestmulde selbst wird zuletzt, wenn zu finden, noch reichlich und bunt mit einigen Haaren und vielen Federn aller Farben von Vögeln des Waldes ausgeschmückt. *Ei:* Beim Waldbaumläufer sind die Eier stets fein und hell rotbraun punktiert (Dotter orangerot), während die Eier beim Gartenbaumläufer dunkelrotbraun und immer großfleckig, am stumpfen Ende oft kranzartig getupft sind (Dotter zitronengelb). *Eizahl:* 5-8, selten 10, meist 6-7; bei der 2. Brut 5-6 Eier. *Jährliche Bruten:* 2, weshalb man immer zugleich 2-3 Spezialnistkästen im Abstand von rund 50-100 m aufhängen sollte.

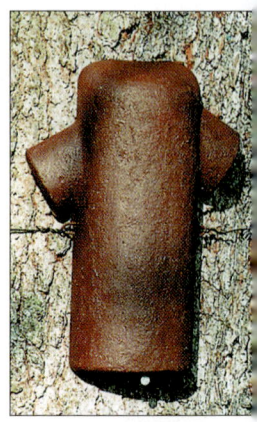

*Baumläuferhöhlen aus Holzbeton sollten an kräftigen Baumstämmen im Halbschatten mit Alu- oder Plastiknägeln befestigt werden.*

Spezialkästen für Baumläufer

*Im Spezialnistkasten für Baumläufer sind die Eier und die Jungen vor Marder, Eichhorn, Buntspecht und Eichelhäher abgeschirmt.*

*Die raubzeugsicheren Spezialnistkästen für Baumläufer werden an dickeren Stämmen so angebracht, dass nur noch rechts und links Einschlupfspalten übrig bleiben.*

*Ein aus Holz selbst gefertigte Baumläufer-Nistkasten mit aufklappbarem Vorderteil (Foto: J. Gepp).*

*Das seitliche Einflugloch wur mit Blech verstärkt, um Spech und Eichhörnchen abzuwehre Schlitzgröße: 27x30 mm; in Gebieten mit zahlreichen Spatzen und Mardern besser: 20 mm breit, 50 mm hoch (Foto: J. Gepp).*

*Nest eines Gartenbaumläufers im Spezialnistkasten. Im Laubwald werden statt der zarten Fichten- und Kiefernzweige alte Blattstängel verwendet. Die Eier sind stark dunkelrotbraun gefleckt.*

*Nest eines Waldbaumläufe aus einem Spezialnistkasten Fichtenwald. Die Eier sind fe rotbraun punktie*

Waldbaumläufergelege

**Gartenrotschwanz**, *Phoenicurus phoenicurus: Vorkommen:* Hat als Zugvogel seit Mitte der sechziger Jahre aus nicht sicher feststellbaren Gründen im Wald stark abgenommen; jetzt kommt er in Mitteleuropa selbst in lichten, warmen Wäldern mit zahlreichen Kiefern und Birken, bei Heidelbeere und Heidekraut, wo er zuvor nicht selten war, nur sehr spärlich vor. Vereinzelt wird er noch bei Pflanzgartenhütten und Bauernhöfen angetroffen; etwas mehr in der Nähe der Menschen in Gärten, Siedlungen und Parks. *Nest:* Der Gesamteindruck des Nestes erscheint gegenüber dem des Trauerschnäppers oft verhältnismäßig dunkel und viel fester zusammengefügt. Das Nistmaterial ist wesentlich vielseitiger. Verwendung finden zuerst Würzelchen und die verschiedensten Reiserchen, vermischt mit dunkler Fichten- und Kiefernrinde, etwas Moos vom Boden, einigen Grashalmen, dazu Baststreifen abgestorbener Äste sowie Flechten und vergilbte Laubblätter, etwas weißliche Birkenrinde, Nadeln von Kiefer, auch Weymouthskiefer, Würstchen von Pappel und Hasel. Dieses Kunterbunt ist charakteristisch für den Gartenrotschwanz. Die Nestmulde ist sehr schön rund geformt und dicht mit Wildhaaren, Wildschweinborsten, Wolle sowie möglichst vielen Federn ausstaffiert, deren Enden von oben her der Nestmulde zuneigen und vor dem Beschauer einen Teil, bisweilen auch fast alle Eier bedecken, als ob sie sich hier hinter einer Wölbung befinden. In der Nähe eines Fuchsbaues sind Gartenrotschwanznester meist mit vielerlei Federn aller Farben von Wildente, Rebhuhn, Fasan, Auerhuhn, den Haushühnerrassen, ja sogar mit rein weißen von Hausenten und Hausgänsen geschmückt. Manchmal findet der Gartenrotschwanz keine oder nur wenige Federn für seine Nestmuldenauspolsterung, was im trockenen, ausgedehnten Kiefernwald auf Sandboden immer wieder vorkommt. Bei Holzlagerplätzen besteht das Nest fast nur aus vielen Baststreifen und sieht dem Trauerschnäppernest etwas ähnlich. Nach dem Ausfliegen der Jungen sind bei Gartenrotschwänzen zurückgebliebene Futterreste in der festen Nestmulde besonders gut erkennbar. *Ei:* Leuchtend, oft glänzend blaugrün. *Eizahl:* 5-8, meist 6 oder 7. *Jährliche Bruten:* Gern 2 bei sonnigen, grasfreien Plätzen und Wegen, wo genügend fliegende und kriechende Insekten gefunden werden können. Bei zunehmendem Schatten und Graswuchs eher zu 1 Brut neigend. *Geeignete Fluglochweite:* 1 ovales Flugloch mit 3 x 4,5 cm, das einem runden Flugloch stets vorgezogen wird, weil der Gartenrotschwanz mit seinen langen, dünnen Beinen im hohen Flugloch stehen möchte. Er nimmt auch Nischenbrüterkästen mit 2 ovalen Fluglöchern an.

*Nischen- und Halbhöhlenbrü... verlieren viele Bruten durch Elstern, Katzen und Marder. Die Nischenbrüterhöhle von Schwegler Typ 1N erschwert durch einen querstehenden Brutraumeinsatz den Zugriff der Bruträuber; hier vom Gartenrotschwanz bewohnt.*

*Das kompakte Nest ... Gartenrotschwanzes ist ... vielerlei Baustoffen ... zusammengefügt. Die leuchte... blaugrünen Eier s... besonders sorgfältig in ei... Federkrone eingehü...*

Gelege des Gartenrotschwanzes

*Nest eines Trauerschnäppers nach dem Ausfliegen der Jungen; mit Insekten eines regenarmen Jahres.*

**Trauerschnäpper** (Trauerfliegenschnäpper), *Ficedula hypoleuca: Vorkommen:* Ende April/Anfang Mai als Zugvogel aus Mittelafrika zurückkehrend besiedelt er besonders gern warme, reine Kiefernbestände auf Sandboden, brütet auch gern im Auwald und in Laubwäldern mit Eichenvorkommen bei möglichster Windstille und Sonne. Düsteren, kühlen Fichtenwald liebt er nicht. Seine Ausbreitungsmöglichkeit ist weitgehend vom Vorhandensein vieler Nistkästen abhängig und noch nicht endgültig abgeschlossen. Stellenweise ist er sehr häufig in Laubwäldern Mittel- und Norddeutschlands, weniger zahlreich südlich

*Nest des Trauerschnäppers i Laubwald mit 6 hellblaue Eiern. Das ganze Nest ist nic so fest gefügt wie das de Gartenrotschwanzes un enthält niema Federn oder Woll*

Gelege des Trauerschnäppers

der Mainlinie, dort stellenweise spärlich bis fehlend, z. B. in den östlichen Landesteilen von Baden-Württemberg und Bayern. *Nest:* Das Nistmaterial besteht im Laubwald aus letztjährigen hellbraunen, leicht verwitternden, weichen Blättern von Hainbuche, Linde, Birke, Pappel, Ulme, auch Eiche und Rotbuche in größeren Mengen, dazu vergilbte Grashalme sowie die weichen fünfteiligen Nadeln der Weymouthskiefer für die Drehung der Nestmulde. Auf der Nestoberfläche liegen gelegentlich alte Fruchtflügel von Linde, Spitzahorn und Hainbuche, bisweilen auch grobe Baststreifen abgestorbener Äste. Manche Nester zerfallen beim Herausnehmen aus dem Nistkasten leicht wegen zu lockerer Bauweise oder zu wenig verwendetem Nistmaterial, denn die Nestmulde ist nicht so fest zusammengefügt wie beim Gartenrotschwanz, sondern flacher und lockerer. Manchmal besteht sie auch nur aus einer leichten Vertiefung von Blättern, Gras und Kiefernspiegelrinde. Trauerschnäppernester enthalten weder Wolle noch Federn, doch gelegentlich ganz wenige Reh- oder Hirschhaare, auch Wildschweinborsten. *Ei:* Zart hellblau. *Eizahl:* 5-8, meist 6-7. *Jährliche Bruten:* 1. *Geeignete Fluglochweite:* Bevorzugt mehr 1 ovales Flugloch mit 3 x 4,5 cm als 3 runde Fluglöcher mit 27 mm; Nischenbrüterkästen mit 2 ovalen Fluglöchern wegen der größeren Helligkeit hinten im Nistkasteninnern.

**Halsbandschnäpper** (Halsbandfliegenschnäpper), *Ficedula albicollis: Vorkommen:* Zerstreut und unregelmäßig da und dort einmal brütend (Zugvogel). Stellenweise im Auwald in der Nähe von Flüssen, im Eichenwald; in wenigen Eichen- und Buchenbeständen sowie mitunter in Obstanlagen. Meidet reinen Kiefern- und Fichtenwald. Verbreitung erscheint nirgends abgeschlossen und ist wie beim Trauerschnäpper von der Häufigkeit geeigneter Nistkästen stark abhängig. *Nest:* Seine Nistweise entspricht der des Trauerschnäppers. Die Nester sind nicht unterscheidbar. *Ei:* Zart hellblau wie das des Trauerschnäppers. *Eizahl:* 5-8, meist 6-7. *Jährliche Bruten:* 1. *Geeignete Fluglochweite:* Mehr 1 ovales Flugloch mit 3 x 4,5 cm als 3 runde Fluglöcher mit 27 mm.

**Wendehals**, *Jynx torquilla: Vorkommen:* Einst überall an sonnigen Waldrändern aller Holzarten und neben Waldwegen mit breiten grasigen Rändern, wo es viele Erdhaufen der kleinen Wiesen- und Rasenameisen gibt, deren Larven und Puppen im Juni die nahezu ausschließliche Nahrung für junge Wendehälse sind. Infolge der häufigen Verwendung von Herbiziden im Wald, wurden die Ameisen zurückgedrängt und mit ihnen der Wendehals. *Nest:* Obwohl der Wendehals, der zu den keine Nester bauenden Spechtartigen gehört, keinerlei Nistmaterial einträgt, hinterlässt er doch meist ein charakteristisches „Nest", nämlich eine dünne Schicht, die von einem Meisennest stammt, das er vor Beginn seiner Eiablage hinauswarf. Meistens handelt es sich um ein Kohlmeisennest, dessen Rest von höchstens 1 cm hoher Mooslage, oft mit einigen Würzelchen und Nadeln, dem Wendehals für den Zusammenhalt seiner Eier am geeignetsten zu sein scheint. Dass eine Wendehalsbrut ausflog, erkennt man meist an unbefruchtet übrig gebliebenen Eiern, auch an ab und zu noch vorhandenen weißen Eierschalenresten, an Federchen seines charakteristischen Gefieders

*Der Wendehals benötigt spezielle Nisthöhlen mit einer Fluglochweite von 34 mm (Typ Schwegler Nisthöhle 3SV), worin sich die Jungen zu einer Wärmepyramide zusammendrängen.*

Verlassenes Nest des Wendehalses

*Der Wendehals hat ein vorhandenes Kohlmeisennest übernommen. Nach dem Ausfliegen der Wendehälse blieben einige Schneckenhäuschen, charakteristisch große Kotpatzen, ein unbefruchtetes Ei sowie Federn von streitenden Jungvögeln übrig.*

und vor allem an einer Anzahl größerer Kotballen, welche in den 2 letzten Tagen vor dem Ausfliegen der Jungen von den Altvögeln oft nicht mehr hinausgetragen werden. Zwischen den Kotballen liegen bisweilen kleine Schneckenhäuschen oder deren Teile, die den jungen Wendehälsen als Kalkzusatz für ihren Knochenbau mitverfüttert wurden. Ebenso findet man ab und zu einige vertrocknete Ameisenpuppen, welche während des Fütterns zwischen den Jungen hinunterfielen. *Ei:* Rein weiß, Dotter leicht durchscheinend, etwas größer als Kohlmeiseneier. *Eizahl:* 7-10, meist 8-9. *Jährliche Bruten:* 1, selten 2. *Geeignete Fluglochweite:* 1 ovales Flugloch mit 3 x 4,5 cm oder rund: 3,4 cm.

**Feldsperling**, *Passer montanus: Vorkommen:* Vorwiegend im Auwald, an lichten Waldrändern, in der Nähe von Getreidefeldern, Obstbäumen und Bauernhöfen; meidet das Innere des geschlossenen Waldes. Wandert im Herbst auch truppweise Hunderte von Kilometern umher, bis günstige Überwinterungsgegenden bei Bauernhöfen mit Geflügelhaltung und Gebüsch gefunden werden. *Nest:* Das charakteristische Bild der Feld- und Haussperlingsnester ist die Überwölbung der Nestmulde von allen Seiten mit Nistmaterial und die vollständige oder nahezu vollständige Ausfüllung des ganzen Nistkastenraums; dies im Gegensatz zu den nie überwölbten Nestern aller anderen höhlenbrütenden Kleinvögel, außer dem Zaunkönig. Es wird viel Material eingetragen, wobei Grashalme mit alten Fruchtständen, Blattstängeln, Woll- und Schnurfäden gern Verwendung finden. In der Umgebung der Nestmulde wird das Material feiner, und dann polstert der Feldsperling seine Nestmulde mit möglichst vielen Federn aller Farben aus. Zu Baubeginn und auch noch später werden immer wieder ganze grüne, dicke Blätter von Waldbäumen wie auch von Bodenpflanzen mitangewendet. *Eizahl:* 5 -7, meist 5-6. *Jährliche Bruten:* 2, bei warmem, trockenem Wetter auch 3 im selben Nest, wobei eine dünne Schicht neuer, sauberer Federn auf die vorherige Nestmulde gelegt wird. Damit lässt sich während der Nistkastenkontrolle und Reinigung beim Zerlegen des Nestes die Anzahl der erfolgten Bruten feststellen. *Geeignete Fluglochweite:* 1 ovales Flugloch mit 3 x 4,5 cm. Nistkästen mit 27 mm Fluglochweite (Blaumeise!) bezieht der Feldsperling nur in Ermangelung bequemerer Fluglöcher. Der Feldsperling war lange Zeit ungeschützt und von jedermann verfolgbar; nun wurde er in mehreren Ländern zu Recht unter Schutz gestellt, da er infolge radikaler Hecken- und Gebüschbeseitigung sowie durch das Verschwinden hoher alter Birn- und Apfelbäume mit hohlen Astlöchern stark abgenommen hat.

**Haussperling**, *Passer domesticus: Vorkommen:* Höchstens am Waldrand direkt bei Bauernhöfen und Wohnsiedlungen in Nistkästen. *Nest:* Gleich dem Feldsperling ist auch beim Haussperling die Nestmulde mit Nistmaterial überwölbt und füllt auch bei ihm den ganzen Nistkasten aus. Das Nest erscheint jedoch gröber und dichter gebaut als beim Feldsperling; es werden aber dieselben Materialien und dazu noch Stroh zum Nestbau verwendet, es fehlen aber die grünen Blätter. *Ei:* Die Eifarbe ist stets mehr grünlich und gleichmäßiger gezeichnet als die oft unterschiedliche des Feldsperlings. Haussperlingseier

*Verlassenes Feldsperlingsne. von jedem anderen Singvoge nest unterscheidbar durch d Überwölbung der Nestmule mit Nistmaterial. Das letzte, c auch schon das vorletzte d meist 5-6 bräunliche Eier ist oft heller gefärbt. diesem Nistkasten übertag später eine Bechstei. fledermaus (siehe Ko*

Aufgegebenes Gelege des Feldsperlings

sind immer wesentlich größer als Feldsperlingseier. *Eizahl:* 4-7, meist 5. *Jährliche Bruten:* 2, bei zeitigem Frühjahr und schönem Spätsommer können auch 3, ja sogar 4 Bruten im seIben Nest zum Ausfliegen kommen. *Geeignete Fluglochweite:* Stets 1 ovales Flugloch mit 3 x 4,5 cm, da der Haussperling im Gegensatz zum kleineren Feldsperling nicht durch das Flugloch von 27 mm Durchmesser einschlüpfen kann. Der Haussperling ist weit verbreitet. Infolge großer Vorsicht, Schlauheit und Anpassungsfähigkeit dem Menschen gegenüber ist sein Bestand nicht gefährdet.

**Haus- und Feldsperlinge** beziehen ungern niedrig auf Bäumen hängende Nistkästen, sondern suchen sicher erscheinende Schlupfwinkel hoch unter den Dächern der Häuser (Haussperling) und in Astlöchern alter Bäume (Feldsperling). Seit zumindest 10.000 Jahren leben die Haussperlinge in der nächsten Nähe des Menschen und nutzen die Nischen seiner Behausungen für ihre Nester. Das schwarmhafte Auftreten in Getreidefeldern brachte ihnen 1559 den Kirchenbann ein. Friedrich der Große setzte auf jeden Spatzen ein Kopfgeld aus und 1870 wurde zur völligen Ausrottung der Haussperlinge aufgerufen. Als „Allerweltsvogel" war er bisher nicht klein zu kriegen. Heute leidet er vor allem unter dem Trend zu exotischen Pflanzen und dem Fehlen strukturreicher Feldränder und wurde daher zum Vogel des Jahres 2002 erklärt.
Trotz seiner „Körnergier" ist der Feldsperling zur Zeit der Jugendaufzucht ein fleißiger Insektenvertilger. Die Jungen werden in den ersten Tagen ausschließlich mit tierischer Nahrung, insbesondere Raupen, gefüttert. Die erwachsenen Haussperlinge fressen hauptsächlich Körner und Samen, in städtischen Bereichen sind sie wenig wählerische Allesfresser. In Parkanlagen führt die Bevorzugung exotischer Baum- und Straucharten sowie die sterile Rasenpflege und das Laubsaugen im Herbst zu einem akuten Nahrungsmangel. Sperlinge sind bereits nach einem Jahr geschlechtsreif und leben zumeist in „Dauerehe".

*Feldsperlingsgele*
*(Auwaldrand) mit 5 frisch*
*Eiern. Das überwölben*
*Nistmaterial wurde vorsich*
*weggeschnitten. Die Nestmu*
*ist ausgepolstert mit a*
*Federn einer Fasanenhen*

Feldsperlingsgelege

**Zaunkönig**, *Troglodytes troglodytes: Vorkommen:* Das ganze Jahr über dort im Wald beheimatet, wo es eine dichte Krautschicht mit alten Baumästen und moderndem Holz gibt, dazu viel undurchdringliches Unterholz, Reisighaufen, Hecken, Gebüsch, Brombeergerank und Wurzelwerk. Man findet ihn selbst noch in feuchten Gebirgswäldern. Im Flachland hält er sich besonders gern in eingezäunten, deckungsgünstigen Forstkulturen auf. Er liebt die Ränder von fließendem und stehendem Wasser wegen seiner Vorliebe für die dort vorkommenden kleinen und weichen Insekten. *Nest:* Versteckt im Wurzelwerk umgefallener Bäume, unter Uferböschungen, im Stroh- und Schilfdach von Waldhütten, im alten Heu der Wildfütterungen, in den Schilfwänden, in Spalten und Ritzen von Waldhütten, auch unter Waldbrücken in Nistkästen für Wasseramseln. Sein Nest ist stets kugelig gebaut mit kleinem, rundem Einschlupfloch. Das Moosnest ist außen mit Laub, Stängeln, Flechten oder dürrem Farnkraut getarnt. Die Nestmulde polstert das Weibchen mit Wildhaaren und Federn aus. Der Zaunkönig legt auch Übernachtungsnester, genannt Spielnester, selbst in Nischenbrüterkästen mit 2 ovalen Einfluglöchern an, die jedoch keine Federn und Haare wie die Brutnester enthalten und auch keine feinen Fichtenreiserchen, die den unteren Moosrand des Einfluglochs der Brutnester verstärken. Selbst in Nistkästen für Meisen zieht er gelegentlich ein und bringt seine Brut hoch. Somit ist der Zaunkönig der einzige unserer Singvögel, der sowohl Frei-, als auch Nischen- und Nistkastenbrüter sein kann. *Ei:* Weiß mit rotbraunen Pünktchen wie das der Tannenmeise. *Eizahl:* 5-7, meist 6. *Jährliche Bruten:* 2.

*Im Heckendickicht aufgehängt kann die kleine Nistkugel für Zaunkönige helfen, den besonders kleinen Singvogel in den eigenen Garten zu locken.*

Neu angeboten wird von der Nistkastenfirma Schwegler eine spezielle Zaunkönigkugel (siehe Abb. rechts oben). Für Gärten ist sie aber nur dann sinnvoll, wenn wir genügend Mut zur „Wildnis" im Garten aufbringen. Zaunkönige lieben Dickichte, Strukturreichtum und die Nähe eines Gartentümpels. Voraussetzung für das erfolgreiche Brüten des Zahnkönigs ist vor allem ein ausreichendes Nahrungsangebot, also viele Insekten, die vor allem ein Naturgarten mit Wildnisecken oder ein Garten an einem dicht bewachsenen Bachrand bieten kann. Gewässerfern besiedelt er auch die Umgebung legsteinreicher und von Bäumen beschatteter Altgebäude, Ruinen etc.

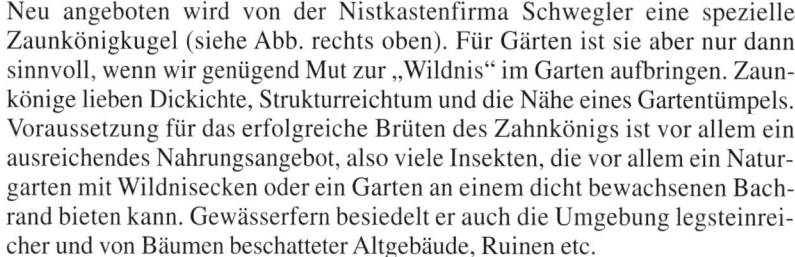

*Zaunkönigsnest, aus dem die Jungen ausflogen sind, in einem der älteren raubzeugsicheren Holzbeton-Dreiecknistkästen.*

Verlassenes Nest eines Zaunkönigs

**Star**, *Sturnus vulgaris: Vorkommen:* Gern an Waldrändern in Spechtlöchern alter Eichen und ausgefaulten Astlöchern von Pappeln und Weiden; meidet das weite Waldesinnere. *Nest:* grob und derb, vorwiegend aus Stroh und Hühnerfedern, die er vom ausgewaschenen Mist der Felder und Wiesen holt. Selten einmal Moos, Flechten oder Laub vom Waldboden beim Nistkasten. Die Ecken des Nestes werden oft mit langen Strohhalmen etwas hochgeschoben. Die Nestmulde ist flach und nicht ausgeformt. *Ei:* Hellblau und glänzend. *Eizahl:* 3-7, meist 4-5. *Jährliche Bruten:* 1-2. *Geeignete Fluglochweite:* Von 46 mm an bezieht der Star auch größere Fluglöcher bis zu denen der Hohltaubenkästen mit 85 mm Durchmesser. Starkästen mit einer runden Fluglochweite von 46 mm werden im Wald nicht mehr aufgehängt, um einer größeren Vermehrung der Stare vorzubeugen, da ihre Schwärme im Herbst im Obst- und Weinbaugelände erheblichen Schaden anrichten können. Für den Waldbesitzer ist der Star zur Vorbeugung gegen Schadinsektenvermehrungen von untergeordneter Bedeutung, da er die Nahrung für seine Jungen auf Wiesen und Feldern sucht und sich im Wald zur Nahrungssuche erst dann in größerer Zahl einstellt, wenn eine Insektenkalamität bereits ausgebrochen ist und ein Insektenvertilgen durch ihn nicht mehr entscheidend ins Gewicht fällt. Trotz der Nichtverwendung von Starenkästen im Wald sind immer noch genügend Starenpaare brütend anzutreffen, so in natürlichen Höhlungen und in Nistkästen mit größeren Fluglöchern von 60, 70 und 85 mm Durchmesser, die im Sinne des Naturschutzes für Hohltaube, Wiedehopf, Blauracke, Rauhfuß- und Sperlingskauz sowie Schellente und Gänsesäger gedacht sind, denn diese Kästen werden oft in Gegenden aufgehängt, in denen die genannten seltenen Arten ihrem Lebensraumbedarf entsprechend nicht oder nicht mehr vorkommen.

*Starhöhlen sollten eine Fluglochweite von 46 mm aufweisen und möglichst hoch aufgehängt werden.*

Die folgenden 12 Vogelarten sind auch Höhlenbrüter, beziehen aber nur selten die für sie aufgehängten künstlichen Nistkästen. Sie sind außer Turmfalke, Waldkauz und Stockente in ihrem Bestand stark gefährdet, und ihre Eier und Bruten werden meist von Baummarder und Eichhorn ausgeraubt. Man darf diese Nistkästen, die alle einen größeren Brutraum und ein größeres Flugloch benötigen, nur an frei stehenden Bäumen anbringen, die mit 2 Blechmanschetten gut geschützt werden können.

*Das Starennest mit sein hellblauen Eiern ist das gröb aller Nester in einem Si vogel-Nistkasten und ka daher nicht verwechs werden. Der Star benö ein Flugloch von 46 r Durchmesser, genau wie Buntspec*

Starengelege

**Hohltaube**, *Columba oenas: Vorkommen:* Besiedelt alle Altholzbestände, sofern sie Höhlen des Schwarzspechtes und große ausgefaulte Astlöcher für Brutzwecke aufweisen; leidet daher unter großer Wohnungsnot. Vogelnistkästen werden von dieser selten gewordenen Taube gern angenommen, selbst wenn sie nur 4 m hoch aufgehängt sind. Das hat den Vorteil, dass einer ihrer Feinde, die misstrauische Dohle, so niedrig hängende Nistkästen nicht annehmen will. Doch die Nistkästen müssen an freistehenden, starken und glattrindigen Buchen angebracht sein, da dann Marder und Eichhorn abrutschen. Baum- wie Steinmarder haben öfter schon eine geglückte Hohltaubenansiedlung vollständig ausgerottet, sobald sie an der rauhen Borke von Eiche, Fichte oder Kiefer hochklettern konnten. Ein wirklicher Erfolg bei der Hohltaubenansiedlung kann bei fehlenden Altbuchen nur erzielt werden, wenn man an alten Überhälter-Bäumen 60 cm breite Blechmanschetten mindestens 1 m über und 1 m unter dem Nistkasten um den Stamm anbringt. Hohltaubenkästen sollten nur im Wald und nicht am Waldrand im Übergang zu Obstbau-, Wiesen- und Kopfweidengelände angebracht werden, weil sonst der Steinkauz die Hohltauben systematisch stört und ihre noch kleinen Jungen verzehrt. Leider kann auch der räuberische Waldkauz der Hohltaube den Nistkasten wegnehmen und ihre selbst schon großen Jungen im Nistkasten schlagen und verzehren. Die genannten Umstände führten dazu, dass die Hohltaube sehr selten geworden ist und in vielen Wäldern überhaupt nicht mehr vorkommt. *Nest:* Aus einer lockeren Schicht Reisig gebaut, in die später der Kot der Jungtauben hineinsickert, da ihn die alten Tauben nicht wegtragen können. Der Kot trocknet rasch ein. *Ei:* Weiß glänzend und fast gleichmäßig rund. *Eizahl:* 2. *Jährliche Bruten:* 2-3, gelegentlich 4, weshalb man in nicht allzu weiter Entfernung mehrere Kästen aufhängen sollte. Die Täubin beginnt schon wieder zu legen, bevor die beiden Jungen ganz flügge sind. *Geeignete Fluglochweite:* 7,5-8,5 cm.

*Hohltauben-Nistkästen mit einer Fluglochweite von 80 x mm sollten im Inneren mit ein Drainage ausgelegt sein, dan der nicht hinaus getragene To benkot abfließen kann.*

**Turmfalke**, *Falco tinnunculus: Vorkommen*: Nicht selten, wo Äcker, Wiesen und Waldstücke miteinander abwechseln; fehlt in geschlossenen Waldungen; leicht erkenntlich am rotbraunen Gefieder; über Feldern rüttelnd und nach Mäusen Ausschau haltend; gern auf Telegrafenmasten und Baumwipfeln sitzend, nicht allzu scheu. Horst meist in alten Krähennestern am Waldrand sowie in verlassenen Mäusebussardhorsten; gern in Nischen alter Gemäuer und selten in Nistkästen an alten Bäumen am Waldrand. Baut selbst keinen Horst, legt seine 4-7 Eier, die dunkelrot bis braunrot gefleckt sind, auf vorgefundene Unterlagen auch in Nistkästen. *Jährliche Bruten:* 1. *Geeignete Fluglochweite:* 8,5 cm rund oder 8-9 cm quadratisch.

**Waldkauz**, *Strix aluco: Vorkommen:* Verbreiteter und anpassungsfähiger Wald-, Park-, Dorf- und Stadtvogel. Trotz seines feinen Gehörs stören ihn auch sehr laute Zivilisationsgeräusche nicht. Wo sich dieser wehrhafte und unduldsame Kauz ansiedelt, vertreibt er die kleineren Rauhfuß-, Sperlings- und Steinkäuze. Man sollte deshalb das Aufhängen von Nistkästen mit Fluglöchern von mehr als 6,4 cm mit Ornithologen absprechen. In Bergwäldern brütet er noch in 1.450 m Höhe. Sein lautloser Flug, der kräftige, stark gekrümmte Schnabel

*Die Hohltaube wählte ( Brutraummangel einen Brett nistkasten, worin sie jährli 2-3 Bruten mit jeweils 2 Jung aufzog (Foto: H. Gaso*

Junge Hohltauben

*Rauhfußkauz und Sperlingskauz tragen wenig Nistmaterial ein, so dass Eimuldeneinsätze vorteilhaft sind.*

*Die unterschiedlichen Steinkauzkästen (hier Typ Schwegl Nr. 21) sollten vor allem mardersicher sein.*

*In der Steinkauzröhre sollte e Gemisch aus Hobelspänen u Sand als Streu eingebracht werden.*

*Die Schaukelröhre für den Steinkauz ist leicht an jedem größeren Baum anzubringen, sie soll gut durchlüftet und zu Marderabwehr mit einem Geruchsstoff ausgestattet sein. Der Geruchsstoff zur Abwehr von Mardern, Hunden und K zen ist im Fachhandel erwerl bar.*

und die sehr spitzen, derben Krallen erlauben ihm wendige und erfolgreiche Jagdmethoden. Der Waldkauz ernährt sich nicht nur von Mäusen, Ratten und Maulwürfen, sondern auch von zahlreichen Arten von Singvögeln, Fledermäusen, Insekten, Schlangen, Fröschen, Kröten und Fischen, außerdem von größeren, teils wehrhaften Tieren wie Wiesel, Hamster, Bisamratte, Igel und Eichhorn, auch von Junghasen, Kaninchen, Krähenvögeln, Rebhühnern, Spechten, Baum- und Turmfalken, Waldohreulen, Fasanen, jungen Stockenten, allen Taubenarten, ja sogar Maulwurfsgrillen und Hirschkäfern. Es sind zusammen 45 Arten von Säugetieren und 100 Vogelarten.

*Während der weibli Rauhfußkauz seine Jung wärmt, verschlingt ei der 12 Tage alten Jungkä eine ganze Waldmaus, u der noch eine Rötelmaus li (Foto: K. Wiegar*

Manche Waldkauzpaare halten sich trotz ausreichendem Mäusevorkommens zur Ernährung ihrer Jungen tagsüber auch an höhlenbrütende Singvögel, so dass ein Teil der verlassenen Gelege, verhungerten Bruten und leer gebliebenen Nistkästen von Waldkäuzen verschuldet wird. Das Hassgezeter der einen Waldkauz entdeckenden Vögel hat daher seine Berechtigung. *Nest:* Obwohl der Waldkauz Schwarzspechthöhlen und größere Astlöcher alter Bäume zur Jungenaufzucht bevorzugt, benützt er auch verlassene offene Baumhorste größerer Vögel wie Bussard, Habicht und Milan. Gelegentlich brütet er sogar am Boden in tiefen Wurzelhälsen genauso erfolgreich wie in Fels- und Mauerspalten. Er bezieht auch für Hohltauben aufgehängte Nistkästen, denn er benötigt dieselbe Fluglochweite zwischen 7 und 8,5 cm. Dadurch werden Hohltauben verdrängt. Der Waldkauz trägt kein Nistmaterial ein, sondern legt seine Eier auf das vorhandene Material der Vorbewohner. *Ei:* Weiß mit leichtem Glanz, fast ganz rund, taubeneigroß. *Eizahl:* 3-6. *Jährliche Bruten:* 1.

*Eulenhöhlen mit einer Fluglochweite von 11x12 cm werden vom Waldkauz, der Dohle, der Hohltaube und, wenn vorhanden, auch von Schellente und Gänsesäger besiedelt.*

**Steinkauz**, *Athene noctua: Vorkommen:* Der Steinkauz ist seltener, weil ihm viele Brutmöglichkeiten und Zufluchtsorte wie alte Obstbäume, Kopfweiden und Holzhütten entzogen wurden. Die Flurbereinigung hat ihm seine Nahrungsgrundlage an Mäusen und größeren Insekten durch Gebüschbeseitigungen stark geschmälert; das Waldesinnere meidet er gänzlich und fehlt als Mäusefänger in höheren Gegenden mit lang anhaltender Schneelage. Wo er noch vorkommt, sollte man den konkurrenzstärkeren Waldkauz nicht zusätzlich fördern. *Nest:* Der Steinkauz trägt keinerlei Nistmaterial ein, einerlei ob er in einer Kopfweide, in einem Obstbaum, in einer Mauerspalte oder einer Steinkauzröhre seine Eier legt. *Ei:* Weiß und rundlich mit leichtem Glanz. *Eizahl:* 4-6. *Jährliche Bruten:* 1. *Geeignete Fluglochweite:* 6,4 cm.

**Rauhfußkauz**, *Aegolius funereus: Vorkommen:* Dieser kleine steinkauzähnliche, doch dickköpfigere, seltene und heimliche Kauz lebt in ausgedehnten Waldungen der Mittelgebirge und Alpenzonen bis zur Waldgrenze. Er folgt hauptsächlich den Höhlen des Schwarzspechtes aus Mangel an größeren ausgefaulten Astlöchern, die er im unberührten Wald einst häufig fand. Damals wählte er einen Fluglochdurchmesser von möglichst nicht mehr und nicht weniger als 6,4 cm und konnte seine Bruten von Feinden ungestört großziehen. Doch jetzt bei den großen Einflugöchern des Schwarzspechtes in alten Buchen und Kiefern mit 8-8,5 cm Durchmesser wird er meistens von Schwarzspecht und Dohle verdrängt und vom Waldkauz geschlagen. Wegen solcher Gefahren meidet er den Aufenthalt in Schwarzspechthöhlen außerhalb der Brutzeit und Jungenaufzucht gänzlich. Auch die Jungkäuze suchen nach dem Ausfliegen die Schwarzspechtbruthöhlen nicht mehr auf. Der Rauhfußkauz brütet einen Monat, die Aufzucht der Jungen dauert einen Monat und eine Woche, so dass er über 2 Monate Gefahren ausgesetzt ist. Die Nacht über ist der Waldkauz, weniger der Uhu, sein wichtigster Feind. Tagsüber verstecken sich die Rauhfußkäuze ängstlich vor Habicht und weiblichem Sperber in dichten Fichten und zwischen den Ästen der Kronen von Weißtannen. Als ausgesprochener Nachtvogel ernährt er sich fast nur von Wald-, Gelbhals-, Rötel-

# Steinkauzröhren

*Der Steinkauzkasten wird auf kräftigen Bäumen waagrecht mit der Einflugöffnung in Richtung Hauptstamm (also nicht wie hier) angebracht. Der Steinkauz fühlt sich dadurch ungestörter.*

*Alte Obstbäume in Streuobstgärten eignen sich zum Anbringen von Steinkauzröhren. Das Hinterende der Steinkauzröhre sollte zum Reinigen zu öffnen sein.*

und Spitzmäusen, vereinzelt von größeren Insekten und Fröschen und nur wenig von Kleinvögeln. *Nest:* Der Rauhfußkauz trägt kein Nistmaterial ein. *Ei:* Seine taubeneigroßen, weißen Eier glänzen schwach. *Eizahl:* 4-6. *Jährliche Bruten:* 1. *Geeignete Fluglochweite:* 6,4 cm, ein Maß, das ihm die Höhlen von Grün- und Grauspecht mit 6,0 cm leider nicht bieten.

**Sperlingskauz**, *Glaucidium passerinum: Vorkommen:* Als kleinste unserer Eulen ist der Sperlingskauz mit 16 bis 18 cm Länge ungefähr starengroß, sehr lebhaft und vollführt rasche Bewegungen. Er bewohnt gleich dem Rauhfußkauz die Nadelwälder mittelhoher Hügelländer, der Mittelgebirge und Hochgebirge bis zur Baumgrenze. Er bezieht verlassene Höhlen des Buntspechts in Fichte, Tanne, Lärche und Eiche mit 4,6 cm Fluglochdurchmesser sowie auch die Höhlen des Dreizehenspechtes mit 4,5 x 5 cm waagerecht/ oval in Lärche und Arve. Ausgefaulte Astlöcher in alten Eichen, Rotbuchen, Bergahorn und Vogelbeeren sind ihm besonders lieb, wenn sie einen ihm angepassten kleinen Einschlupf aufweisen. Wo der Kauz in tieferen Lagen auf Bergwiesen vorkommt und Grau- und Grünspecht ausreichend Ameisennahrung finden, bezieht er deren Höhlen mit 6,0 cm Fluglochdurchmesser gern. Mit großer Behändigkeit jagt er bei Tag vorwiegend Meisen, Goldhähnchen, Rotkehlchen, Zaunkönig, Heckenbraunelle, Baumläufer, Kleiber und Buchfinken in den Bergwäldern; weniger nachts Mäuse (hauptsächlich Spitz- und Rötelmäuse), einige größere Nachtfalter und Laufkäfer. Was er auf einmal nicht vertilgen kann, versteckt er in seiner Schlaf- bzw. Bruthöhle, in der er auch im Winter Vorräte anlegt. Der Sperlingskauz muss sich nicht nur nachts vor dem Waldkauz, sondern auch tags vor Habicht und weiblichem Sperber in Acht nehmen. *Nest:* Nistmaterial trägt er in die Höhlen nicht ein. *Ei:* Starengroß, weiß, schwach glänzend; *Eizahl:* 4-6. *Jährliche Bruten:* 1. *Geeignete Fluglochweite:* 4,6 bis höchstens 6,0 cm.

*Gänsesäger besiedeln geräumige Holzkästen mit 12 cm Fluglochweite.*

*Gänsesägerkasten sollten zum Reinigen zu öffnen und auf der Innenseite mit kleinen Klettersprossen versehen sein.*

Für Rauhfußkauz und Sperlingskauz gilt gleichermaßen: Alle bisherigen nachgemachten runden Spechthöhlen und eckigen Nistkästen zwangen beide Kauzarten, auf ihre Gelege und Jungen hinabhüpfen zu müssen, was vor allem bei Regenwetter zu Verlusten führte. Alle Spechte dagegen klettern an den rauen Seitenwänden ihrer Höhlen vorsichtig hinab. Für die Käuze sollten daher keine nachgemachten Spechthöhlen oder tiefe Bretterkästen, sondern nur vom Flugloch aus nach hinten gehende rechteckige, starkbrettige (2 cm) Nistkästen verwendet werden, wobei das Bodenbrett mindestens 15 x 30 cm messen soll. Auf dieses Bodenbrett wird ein ganzflächig passendes, nicht klemmendes zweites Brett mit mindestens 5 cm Dicke gelegt, in dessen hintere Hälfte eine Nestmulde von 10 cm Durchmesser und 4 cm Tiefe gefräst bzw. ausgestemmt und mit Glaspapier glatt gerieben wird. Hier liegen die Eier beisammen. Eine Wandseite des Kastens kann zur Hälfte zum guten Öffnen, aber mit sicherem Verschluss gegen Marder eingerichtet werden. Von Natur aus zimmern alle Spechte ihre Höhlen mindestens 23 bis 30, ja sogar bis 55 cm von der unteren Fluglochkante gemessen tief hinab in den Baumstamm, da der Baummarder (auch Steinmarder) mit seiner Pranke höchstens 18 cm und somit nicht bis zu den Eiern oder Jungen hinabgreifen kann. Der Schwarzspecht, durch dessen

*Ein Schellentenweibchen späht aus seinem hoch aufragenden Spezialbrutkasten (Foto: J. Dieterich)*

Schellente

Fluglochweite von 8 bis 8,5 cm der Baummarder mühelos in die Höhle eindringen kann, zimmert zur Abwehr des Marders seine Höhle nach Möglichkeit in alte, dicke und glattrindige Buchenüberhälter, die der Marder mit seinen Krallen nicht umspannen kann, oder in Kiefern so hoch oben, dass der Marder an der rutschigen Spiegelrinde abgleitet. Bei tiefer aufgehängten künstlichen Höhlen oder Kästen beachte man daher, dass Baum- wie Steinmarder an der meist rauen Borke der Bäume leicht hochklettern und bei 6 cm Fluglochdurchmesser mitunter noch einschlüpfen können.

An Steilwänden von Fließgewässern, Stau- und Kiesseen können Brutröhren für Eisvogel und Uferschwalben eingebaut werden. Der Brutraum kann über einen abnehmbaren Deckel gereinigt werden.

**Schellente**, *Bucephala clangula: Vorkommen:* Hauptsächlich an Waldseen; nicht häufig. *Nest:* Ausgesprochener Höhlenbrüter; brütet in großen ausgefaulten Astlöchern, besonders gern in Schwarzspechthöhlen alter Bäume in Seenähe. Brutstörungen durch Baummarder; Jungenverluste durch Spechte. Die Schellente kann durch das Aufhängen geeigneter Nistkästen gefördert werden. Die Brutraummaße müssen 20 x 40 cm betragen und der Fluglochdurchmesser 15 cm. Die Schellente trägt kein Nistmaterial ein; eine Einstreu von 4-5 cm hohem Mulm oder feinen Rindenstücken ist daher sehr vorteilhaft, damit die Eier in der von der Ente gedrehten Mulde hinten beisammen liegen. Wie bei allen Entengelegen hält von Beginn der Brutzeit an ein Kranz eigener Flaumfedern das Gelege zusammen. Dieser Flaum und die leeren Eischalenhälften sind bei der Nistkastenkontrolle Ende August dann der Nachweis für eine ausgeschlüpfte Brut. Damit die geschlüpften Jungenten zum Flugloch hochklettern können, wird an der Innenseite der Fluglochwand ein ungehobelter Holzkeil mit einer unteren Dicke von 10 cm angenagelt, der dünner werden bis zur Fluglochunterkante reicht. *Ei:* Klare blaugrüne Farbe. *Eizahl:* 6-14, meist 8-10. *Jährliche Bruten:* 1. *Geeignete Fluglochweite:* 15 cm.

Der Eisvogel besiedelt für jede Brut neue Röhren, so dass an einzelnen Steinwänden zumindest 2 Brutröhren einzubauen sind.

**Gänsesäger**, *Mergus merganser: Vorkommen:* Vorwiegend auf norddeutschen Seen; vereinzelt in Bayern sowie an größeren Flüssen wie Donau, Isar, Lech. Gelegentlich ziemlich zahm an Parkseen. Nistet in alten hohlen Bäumen, nimmt auch Notbehelfe an wie Uferlöcher, Felsspalten, dichtes Gebüsch und ähnliche Möglichkeiten, oft weit vom Ufer entfernt. Obwohl der Gänsesäger künstliche Brutkästen annimmt, sollte man ihm diese nicht leichtfertig bieten, wie an manchen Flussufern, weil dadurch seine Nistplätze unerwünschten Menschen bekannt und dadurch die Bruten mehr gestört und vernichtet werden, als wenn die Säger unbemerkt die erwähnten Notbehelf-Nistplätze aufsuchen. *Nest:* Meistens ohne Unterlage, Eier nur von Flaum umgeben. *Ei:* Oval, sehr glatt und rahmfarben. *Eizahl:* Meist 7-12. *Jährliche Bruten:* 1.

**Eisvogel und Uferschwalben:** An Steilwänden graben sie Brutröhren, die auch künstlich angeboten werden können.

Gebirgs- und Bachstelzen sowie Wasseramseln nutzen gerne an der Unterseite von Brücken angebrachte Halbschalen.

**Mauersegler**, *Apus apus: Vorkommen:* Obwohl der Mauersegler mehr ein Stadtvogel bei hohen Häusern und Türmen ist und über den Dächern im sau-

Brütende Mauersegler

*Der Mauersegler brütet zunehmend auch auf Dachbodennischen waldnaher Wohnhäuser (Foto: S. Hemerka).*

*Ein Mauerseglerpaar vertrieb die Stare und schob deren 4 Eier aus der Nestmulde, legte selbst 2 Eier und zog die hier neben einem Altvogel sitzenden, gerade geschlüpften Jungen groß (Foto: H. Gasow).*

senden Flug in oft großen Höhen Insekten fängt, so fliegt er auch bis zum Waldrand (Forsthaus), wenn dort an Häusern einige Starenkästen hängen. Dem Mauersegler fehlt es heute bei der modernen Bauweise der Häuser an geeigneten Nistgelegenheiten. Er streitet mit den Staren um den Nistplatz. Sobald er gewonnen hat, schiebt er Junge oder Eier des Stares aus der Nestmulde, überzieht das Starennest mit seinem zähen Speichel und legt aus der Luft aufgefangene Hälmchen und Federn darauf. Auf diese neue Nestunterlage legt er dann seine 2 Eier und brütet sie aus. *Ei:* Schneeweiß, aber glanzlos und gestreckter als Stareneier. *Eizahl:* 2, selten 3. *Jährliche Bruten:* 1.

**Stockente**, *Anas platyrhynchos: Vorkommen:* Überall, wo ausreichend Wasserfläche mit Pflanzen als Uferschutz Gelegenheit zur Aufzucht der Jungen bietet. In Wassernähe daher zum Nisten und Brüten alle Möglichkeiten wahrnehmend, vorwiegend Binsenstöcke; auch Hunderte von Metern entfernt in Walddickungen und an Böschungen brütend; auf dem Boden von Entenschirmen, in auf Pfählen stehenden Nistkästen und auf im Wasser verankerten Brutkästen und Häuschen mit Heu- und Stroheinlage für den Zusammenhalt der Eier. *Nest:* Wenn auf dem Erdboden brütend, wird alles um die Nestmulde Erreichbare mit dem Schnabel zur Nestmulde zusammengezogen und kurz vor Brutbeginn mit reichlich eigenem Flaum vermischt. In Brutkästen und hochgelegenen Brutmöglichkeiten auf Weiden und anderen Bäumen wird nie Nistmaterial mit dem Schnabel eingetragen. *Ei:* Matt olivgrün, auch cremefarben. *Eizahl:* 8-14. *Jährliche Bruten:* 1.

**Wiedehopf**, *Upupa epops:* Zugvogel. *Vorkommen:* Selten, weitläufig ganz fehlend. Wo alte lichte Wälder an Wiesen angrenzen, wo Viehweiden die Bäche umsäumen, trifft man ihn gelegentlich noch an. Das Vorkommen und Brüten dieses schönen Vogels entgeht keinem Naturbeobachter. Seine natürlichen Nistplätze sind Baumhöhlen, besonders in Eichen und Kiefern, Weiden, Pappeln und Birken. Aus Wohnungsnot nimmt er auch Nistkästen an. Sein Nest besteht aus lose eingetragenen kleinen Stückchen Holz, Stroh, Kiefernadeln, Würzelchen usw., ohne besondere Nestausformung. *Ei:* Länglich und fast stareneiergroß, grünlichgrau oder bläulichgrau, jedoch nicht gleichmäßig gefärbt, sondern wie aus lauter feinen Punkten zusammengesetztes Farbmuster. *Eizahl:* 5-7. *Jährliche Bruten:* 1. *Geeignete Fluglochweite:* 6 cm, weshalb er gern verlassene Grün- oder Grauspechthöhlen bezieht. Nistkastenschutz durch Blechmanschetten ist gegen Marder erforderlich.

*Auch der Wiedehopf nutzt Eulenkästen ab 6 cm Fluglochweite.*

**Blauracke**, *Coracias garrulus: Vorkommen:* Aus der Nordhälfte Mitteleuropas verdrängt; im Süden Österreichs (in Stainz, Südsteiermark) wenige Brutvorkommen. Nimmt Vogelnistkästen an; bevorzugt Grünspechthöhlen. *Nest:* Trägt Würzelchen, Reiser und Baststreifen ein und legt die Nestmulde mit größeren Federn aus. *Ei:* Rein weiß glänzend, fast taubeneigroß, nahezu rund. *Eizahl:* Meist 4. *Jährliche Bruten:* 1. *Geeignete Fluglochweite:* 6,5 cm und darüber. Nistkastenschutz durch Blechmanschette gegen Marder erforderlich.

## Nischenbrüterhöhlen

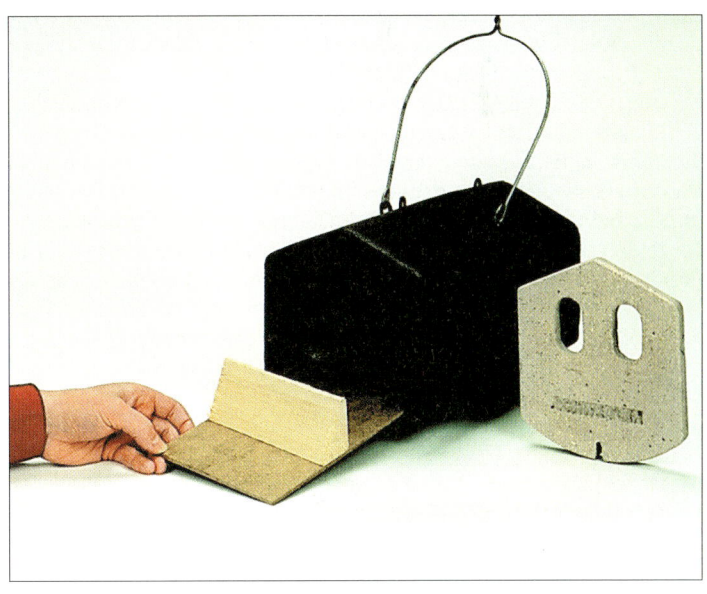

*Das Rotkehlchen bevorzugt einen Nischenbrüterkasten gegenüber einer Bodenbrut.*

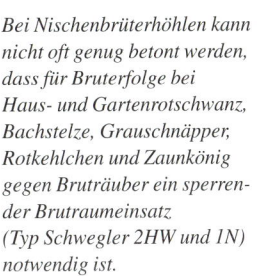

*Bei Nischenbrüterhöhlen kann nicht oft genug betont werden, dass für Bruterfolge bei Haus- und Gartenrotschwanz, Bachstelze, Grauschnäpper, Rotkehlchen und Zaunkönig gegen Bruträuber ein sperrender Brutraumeinsatz (Typ Schwegler 2HW und 1N) notwendig ist.*

## In Nischenbrüterkästen vorkommende Vogelarten

Den nischenbrütenden Singvogelarten des Waldes fehlte es schon immer an gut geschützten Nistmöglichkeiten. Man lockte sie jahrzehntelang in vorn offene und nach hinten zu enge so genannte „Halbhöhlen", die so gut wie immer an Baum und Waldhütte von Eichelhäher, Eichhorn, Buntspecht und Marder ausgeraubt wurden. Die Nischenbrüterkästen aus Holzbeton mit 2 ovalen Fluglöchern haben die folgenden entscheidenden Vorteile:

1. Die Altvögel können aufrecht stehend (was Nischenbrüter wollen !) ein- und aushüpfen.
2. Die beiden Fluglöcher ermöglichen viel Helligkeit bis ganz nach hinten zur Nestmulde.
3. In der hinten durch einen Holzeinsatz geschützten Nestmulde besteht Schutz für Eier und Jungvögel vor Nesträubern.

Während der letzten Jahre wurden in mehreren Versuchsrevieren zunehmend mehr Nischenbrüterkästen mit 2 ovalen Einflugöchern aufgehängt, was die interessante Feststellung mit sich brachte, dass außer den eigentlichen Nischenbrütern der Trauerschnäpper besonders gern einzieht und auch der Feldsperling. Dagegen bleiben es Einzelfälle, wenn auch einmal Kohlmeise, Blaumeise, Sumpfmeise, Tannenmeise oder der Gartenbaumläufer darin nisten und ihre Jungen aufziehen. Ganz gemieden wird der Nischenbrüterkasten von Kleiber und Wendehals.

*Mardersichere Nischenbrüte. höhlen für das Rotkehlchen werden an feuchten und beschatteten Stellen 1-1,5 m übe dem Boden angebracht.*

**Rotkehlchen**, *Erithacus rubecula:* Stand- und Zugvogel, kehrt im März und April aus Nordafrika zurück. *Vorkommen:* Überall im Wald, wo es Gebüsch und Unterholz gibt, wo etwas Sonne hinscheint und wo altes Laub liegt; doch auch im kühlen beginnenden Fichtenstangenholz mit schwindendem Unterwuchs. Liebt Wassernähe wie auch Hanglagen und Waldwege. *Nest:* Aus Würzelchen, größeren vergilbten Laubblättern, alten Grashalmen und breiten Baststreifen, alles mit mehr oder weniger Moos durchsetzt; in der Nestmulde bisweilen reichlich Rehhaare, gelegentlich einige weiche Federn von Waldkauz und Eichelhäher. Neststand meist in Erdvertiefungen, auch leicht überdacht am Fuß von Bäumen und an Böschungen; hier oft den Nesträubern Eichelhäher, Wald-, Gelb- und Rötelmaus, Igel, Dachs, Marder, Wildschwein und Fuchs ausgesetzt. Im Urwald einst in Nischen alter faulender Bäume erhöht ziemlich feindsicher brütend, daher einst »Nischenbrüter« und im jetzigen Wirtschaftswald zwangsweise »Bodenbrüter«. Mit geeigneten »Nischenbrüterkästen« wieder feindsicher höher brütend. *Ei:* Farbe gleichmäßig cremebräunlich oder verschwommen gefleckt. *Eizahl:* 4-7, meist 5-6. *Jährliche Bruten:* 2, sogar 3 bei sonnigem Wetter und wenn nicht weit voneinander mehrere Nischenbrüterkästen hängen.

*Rotkehlchennest mit 6 leic angebrüteten Eiern Nischenbrüterkasten aus He mit 2 ovalen Einfluglöche im Laubwald. Das Dach wur für die Aufnahme vorsich abgenomme*

**Grauschnäpper** (Grauer Fliegenschnäpper), *Muscicapa striata:* Kehrt als Zugvogel Mitte Mai aus Afrika zurück. *Vorkommen:* In möglichst alten, lichtdurchfluteten, warmen Laubholzbeständen, nahe bei Wegen und Blößen, be-

Rotkehlchengelege

vorzugt Auwald und Parklandschaft, dort in Astgabeln und hinter Baumstammrissen nistend. Meidet junge und kühle geschlossene Bestände, vor allem Fichten. Liebt die Nähe von Menschen bei Waldgehöften, Waldhütten und Pflanzgärten; nistet gern unter dem Giebel auf einem Brettchen. Sein Vorkommen ist im Wald und in Nischenbrüterkästen überall spärlich; in manchen Jahren fehlt er ganz. *Nest:* niedrig, nur 3-4 cm hoch und sparsam gebaut, aus einem Gemisch von Würzelchen, feinen Reiserchen, Grashalmen, wenigen Bastfasern und alten Blattstengeln, Baummoos und Flechten; in der sorgfältig gedrehten Nestmulde einige Wildhaare und weiche Federn aller Farben, am liebsten von Waldkauz und Eichelhäher. *Eizahl:* 4-6, meist 5. *Jährliche Bruten:* 2, in anhaltend sonnigen Sommern auch 3.

Singvögel, die in Halbhöhlen und Nischenbrüterhöhlen brüten, sind nicht nur den Katzen und Mardern ausgesetzt, sondern auch räuberischen Elstern und Eichelhähern. Der Feinddruck ist allerdings sehr unterschiedlich. Es gibt Gegenden, wo Hausrotschwanz, Grauschnäpper, Rotkehlchen und Zaunkönig längere Zeit von Nisträubern unbehelligt erfolgreich brüten. Seit Jahren ist jedoch in vielen Gegenden Mitteleuropas eine deutliche Zunahme der Elstern und Eichelhäher insbesondere in Stadtrandlagen zu beobachten. Durch anhaltend regelmäßige Dezimierung der Vogeljungen durch die beiden genannten Prädatoren sind regional starke Rückgänge der in Halbhöhlen und Nischen brütenden Vogelarten zu verzeichnen. Das langfristige Auf und Ab von Räuber-Beute-Beziehungen kann als naturgegeben bewertet werden, schließlich sind Singvögel für Insekten auch Räuber. Allzu oft verteilen wir Menschen unser Mitleid zu Tieren ungerechterweise zugunsten sympathischer Arten!
Um die Wirkung unerwünschter Vogelräuber möglichst zu reduzieren, ist einerseits einmal notwendig, Halbhöhlen möglichst an glatten Wänden so zu platzieren, so dass Nesträuber unter den Säugetieren nicht herankommen. In Nischenbrüterkästen empfiehlt sich weiters ein Brutraumeinsatz, der einen Zugriff auf das Nest erschwert. Für das Rotkehlchen gilt das umso mehr, weil es am liebsten bodennah brütet und daher Nester in 1 bis maximal 1,5 m Höhe über den Boden anzubringen sind, wodurch sie von Katzen ständig belagert werden.

*Nest des Grauschnäppers*
*5 Eiern, leicht bebrütet,*
*Nischenbrüterkasten aus H*
*mit 2 ovalen Einfluglöche*
*am Rand eines Laubwaldes*
*einem Forstgeh*

Gelege eines Grauschnäppers

*In offenen und zu engen Halbhöhlen, vor Marder und Eichelhäher ungeschützt, kommt auch an Waldhütten selten eine Brut hoch (hier Bachstelze) (Foto: W. Scholze).*

**Bachstelze**, *Motacilla alba:* Kehrt als Zugvogel schon Mitte März aus Afrika zurück. *Vorkommen:* Die Bachstelze ist in einzelnen Brutpaaren immer wieder einmal unter Dächern und auf Giebelbalken von Wald- und Pflanzgartenhütten nahe bei Wasser und Weihern, auch unter den Schilfdächern von Entenschirmen und unter Brücken bei Bächen in Nistkästen für Wasseramseln anzutreffen. *Nest:* Das Nest wird möglichst umfangreich gebaut, ist wenig kunstvoll, zuerst aus Würzelchen, Reiserchen und Fasern, kaum Moos, gern Wollfäden; dem Ende des Baues zu sind die Baustoffe um die Nestmulde feiner und leicht gedreht; in der wenig festen Nestmulde gern Wildhaare, Wolle und helle Federn. *Eizahl:* 4-7, meist 5-6. *Jährliche Bruten:* 2, doch bei zeitigem Frühjahr und hernach sonnigen, warmen Monaten mit ausreichend Insektennahrung auch 3 Bruten.

*Eine Bachstelze beginnt
Nischenbrüterkasten ͬ
2 ovalen Einfluglöchern ͼ
5 Eiern zu brüten. L
Kasten hängt an der Auß ͼ
wand eines dich ͼ
Entenschirms aus Scͱ
mit 30 m Laufst ͼ*

**Hausrotschwanz**, *Phoenicurus ochruros:* Kehrt als Zugvogel Anfang März aus Nordafrika zurück. *Vorkommen:* Den geschlossenen Waldbestand mei-

Bachstelzengelege

*Die Nestmulde des Gartenrotschwanzes enthält meist auch Nahrungsreste und Gewölle sowie reichlich Federn, die nach dem Ausfliegen der Jungen gut sichtbar werden.*

Gelege des Hausrotschwanzes

*Ein Hausrotschwanz bezog einen Nischenbrüterkasten aus Holz mit 2 ovalen Einfluglöchern, der am Waldrand aufgehängt wurde. Alle 6 jungen Hausrotschwänze flogen nach 17-tägiger Nestlingszeit wohlbehalten aus.*

*Der Zaunkönig baute in einem Nischenbrüterkasten ein Übernachtungsnest aus Moos und tarnte es außen herum mit vergilbten Farnstängeln. Das Nest wurde allerdings nicht zu Brutzwecken verwendet. Zaunkönigmännchen bieten ihren Weibchen mehrere Nester zur Wahl.*

dend; gelegentlich auf Balken im Dachstock von Wald- und Pflanzgartenhütten, auch in Mauer- und Felsspalten brütend; nicht oft in Nischenbrüterkästen, mehr in Dorf und Stadt an Gebäuden unter Dächern, Balkonen und zwischen Verschalungen nistend. *Nest:* Viel Nistmaterial aus Würzelchen, feinem vergilbtem Gras und etwas Moos; alle Niststoffe fest zusammengefügt und die Nestmulde mit einigen Wildhaaren, etwas Wildwolle und Federn ausgelegt. Gesamteindruck ziemlich dunkel. *Ei:* Reinweiß, glänzend. *Eizahl:* 5-6. *Jährliche Bruten:* 2, bei schönem Sommerwetter auch 3 Bruten.

# Nistkästen für Wasseramseln

*Für die Wasseramseln gibt es unterschiedliche Spezialnistkästen, die alle am ehesten unter Brücken angenommen werden.*

*Für die Wasseramsel wurden unterschiedliche Nisthilfen (hier Eigenbau) entwickelt. Geeignete Anbringungsorte sind Unterseiten von Brücken (Foto: J. Gepp).*

# SÄUGETIERE

**Spezielle Kästen und Höhlen für Fledermäuse:** Mehr als die Hälfte der mitteleuropäischen Fledermausarten kann regional unterschiedlich häufig in Vogelnistkästen angetroffen werden; ursprünglich bevorzugten sie natürliche Spechthöhlen. Für die flatterhaften Gäste aus der Säugetierwelt gibt es aber auch spezielle Fledermausquartiere. Sie für bedrohte Fledermäuse anzubieten, sollte immer nur ein Teil von weitreichenden Schutz- und Erhaltungsmaßnahmen sein, die vor allem auch auf Extensivierung der Landnutzung abzielen müssen. Um die Quartiersituation der Feldermäuse der Steiermark zu verbessern, wurde vor zehn Jahren von Herrn Bernd Freitag eine Fledermauskasten-Initiative gestartet, die bisher rund 4000 spezielle Kästen umfasst. Ein Monitoring zeigte, dass die meisten Kastengruppen relativ bald angenommen wurden, manche gar nicht. Es stellte sich heraus, dass Fledermäuse dort, wo sie noch natürliche Quartiere vorfinden, diese auch bevorzugen, aber sehr wohl ständig auf der Suche nach neuen Unterschlupfmöglichkeiten sind. Sie erkennen sehr bald die Fledermauskästen als mögliche Notquartiere und behalten sie in Erinnerung. Ausserdem werden die Kästen im Herbst regelmäßig von den Männchen als Balzquartiere verwendet, wodurch sie auch den Weibchen als Ressource für kommende Jahre bekannt werden. Viele Projekte haben gezeigt, dass Fledermäuse in Bedarfsfall (Kahlschläge, Windbruch, Lawinen u. ä.) künstliche Quartiere rasch annehmen.

*Die Gestaltung von Fledermauskästen ist von Region zu Region verschieden, da einerseits mit unterschiedlichen Fledermausarten zu rechnen ist, andererseits regional unterschiedliche Erfahrungen vorliegen.*

Was wir von forstlicher Seite für die Fledermäuse tun können, besteht darin, Giftanwendungen im Wald zu unterlassen und in der Umgebung von Fledermausvorkommen eine etwas größere Anzahl specht- und mardersicherer Vogelnistkästen aufzuhängen, etwa im Abstand von 15 -20 m.

Fledermäuse wollen bei Tag je nach Temperatur, Luftbewegung und Sonnenbestrahlung des Kastens ihr Quartier gegebenenfalls wechseln können. Sie wollen im Spätsommer und dem Herbst zu in nicht der direkten Sonne ausgesetzten Nistkästen tagsüber in leichte Schlafstarre verfallen, um von dem langsam sich ansetzenden Fett für den Winterschlaf möglichst wenig durch Wachsein und Aktivität zu verbrauchen. Für diese Schlafstarre müssen alle Wochenstubenmitglieder tagsüber ruhig nebeneinander hängen und sich mit den Krallen ihrer Hinterbeine nur an der Nistkastendecke festhalten können. Ist diese Nistkastendecke waagerecht oder flachbogig, dann hängt jede Fledermaus tagsüber ruhig neben der anderen. Ist die Decke aber spitzgiebelig und wollen mehr als 10 Fledermäuse zusammen übertagen, dann will jede ganz nach oben kriechen, drückt die anderen zur Seite und krallt sich dabei mit ihren scharfen Hinterfußkrallen in Fell und Haut der Artgenossen fest. Es entsteht eine Unruhe mit Gezirpe; die Fledermäuse kommen nicht zur Ruhe, setzen nicht genügend Fett an, bleiben warm und wollen seitlich im Nistkasten ausweichen. Man trifft dann während der Nistkastenkontrolle in Spitzgiebelkästen tagsüber wache und lebhafte Fledermäuse an, die sogleich abfliegen, während sie in Nistkästen mit gewölbtem Dach temperaturausgeglichen in Schlafstarre nebeneinander hängen können.

*Eine junge Langohrfledermaus kommt Anfang September abends durch das für sie bequeme ovale Flugloch zum nächtlichen Insektenfang herausgekrochen*

# Langohrfledermaus

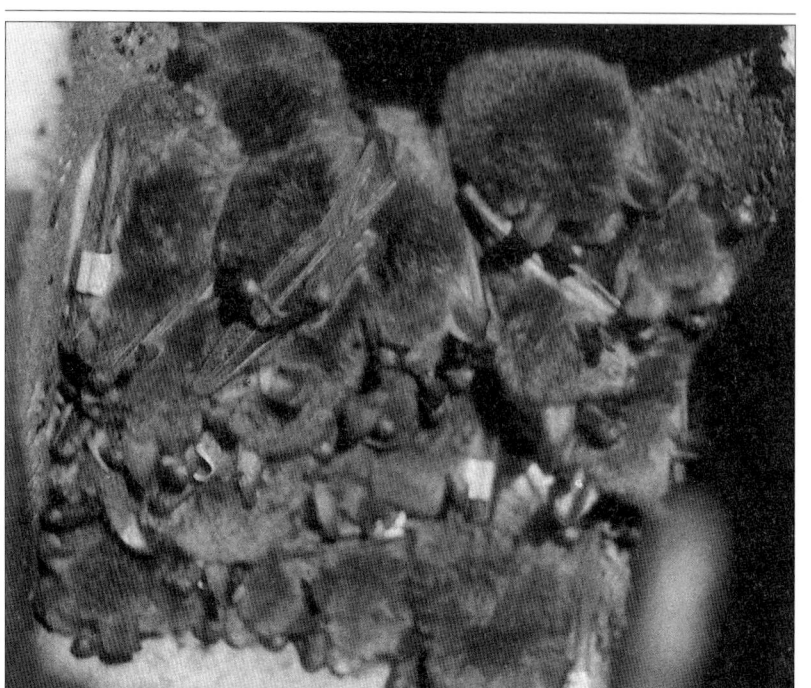

*Fransenfledermausweibchen mit ihren fast erwachsenen Jungen (zus. 24 Tiere). Ende August, tagsüber in Ruhe, alle nebeneinander hängend in Tagesstarre (ausgleichender Wärmeschutz).*

*13 Bechsteinfledermäuse in einem ungeeigneten Spitzgiebelkasten. Ein Nebeneinanderhängen aller Tiere ist nicht möglich, sie versuchen auszuweichen und bleiben den ganzen Tag über wach und in Unruhe statt in Tagesstarre*

## Fledermaushöhlen und -flachkästen

Im Handel werden eine Reihe von erprobten Fledermaushöhlen- und -flachkästen angeboten, die einerseits für das Übertagen andererseits als Wochenstuben für die Jungenaufzucht dienen können. Nachfolgend eine Kurzbeschreibung der abgebildeten Höhlen und Flachkästen der Firma Schwegler (von links oben nach rechts unten): Die Fledermaushöhle 1FD speziell für Kleinfledermäuse mit dreifacher Vorderwand ausgestattet. Fledermaushöhle 2FN bietet Sicherheit gegenüber Kleinräubern und ist speziell für Forst- und Parkanlagen konstruiert. Der Fledermausflachkasten 1FF ist mit einer Holzrückenwand ausgestattet. Die Großraumhöhle 1FS ist für Kolonien des Großen Abendseglers, der Rauhautfledermaus und des Braunen Langohrs gedacht, die hier auch ihre Jungen aufziehen können. Zweite Reihe: Ein Blick in das Innere einer Fledermaushöhle zeigt Holzplatten, an denen sich die übertagenden Fledermäuse festkrallen können. 28 Große Abendsegler mit 9 Jungen in einer Fledermaushöhle 2FN. Der geöffnete Fledermausflachkasten 1FF zeigt, dass die hier sitzenden Abendsegler das ausgeglichene Mikro-Klima der Vorderseite der Holzrückenwand bevorzugen. Die Großraum- und zugleich Überwinterungshöhle 1FW mit 28 kg Gewicht mit drei Zwischenwänden kann auch mittelgroße Kolonien als Wochenstube und zur Überwinterung aufnehmen (Fotos: Schwegler).

In der Steiermark betreut Herr Bernd Freitag etwa 4000 Fledermaus-Kästen, worin folgende Fledermausarten nachgewiesen werden konnten: Häufig: *Myotis daubentonii*, Wasserfledermaus; *Myotis mystacinus*, Kleine Bartfledermaus; *Pipistrellus pipistrellus*, Zwergfledermaus; *Plecotus auritus*, Braunes Langohr. Seltener: *Myotis brandtii*, Große Bartfledermaus; *Myotis emarginatus*, Wimperfledermaus; *Myotis bechsteinii*, Bechsteinfledermaus; *Myotis myotis*, Großes Mausohr; *Nyctalus noctula*, Großer Abendsegler; *Nyctalus leisleri*, Kleiner Abendsegler; *Eptesicus serotinus*, Breitflügelfledermaus; *Vespertilio murinus*, Zweifarbfledermaus; *Pipistrellus nathusii*, Rauhhautfledermaus; *Pipistrellus kuhlii*, Weißrandfledermaus; *Plecotus austriacus*, Graues Langohr; *Barbastella barbastellus*, Mopsfledermaus.

Um den Sommer über Störungen der Fledermäuse durch Unbefugte abzuwenden, sollten alle Nistkästen mindestens in 4 m Höhe aufgehängt werden. Die Nistkastenkontrolle durch die Waldfacharbeiter sollte erst zwischen der 2. und 4. Septemberwoche stattfinden, wenn alle jungen Fledermäuse voll flugfähig sind. Findet man während der Nistkastenkontrolle in einem Nistkasten sehr viel Fledermauskot und nicht nur wenige Stückchen, dann kann angenommen werden, dass sich den Sommer über eine Fledermauswochenstube mit Jungenaufzucht in diesem Kasten befand.

**Hausmäuse**, *Mus musculus* und *Mus domesticus:* Körper bis 9 cm, Schwanz ebenfalls bis 9 cm, fein und kurz behaart. *Vorkommen:* Hausmäuse gehen selten auf weite Wanderschaft, und wenn, dann neben Wegen und Straßen in der Hoffnung, bald wieder ein Haus zu finden. Dabei gelangen sie auch einmal einen Waldweg entlang zu einer Waldhütte, in der sie sich dann einige Zeit aufhalten und leicht in gestellten Mausfallen zu fangen sind. Hängt an der Waldhütte außen unter dem Giebel ein Vogelnistkasten, dann wählt ihn die Hausmaus samt Vogelnest mitunter als Wohnung, trägt abgenagte Papierschnitzel dazu und zernagt den ganzen Nestinhalt. Bei der Nistkastenkontrolle ist man erstaunt, statt dem Nest eines Vogels eine häuslich niedergelassene Hausmaus anzutreffen, die sogleich herausspringt.

**Waldmaus**, *Apodemus sylvaticus:* Die Waldmaus kann bis 9 cm messen, bleibt jedoch kleiner als die Gelbhalsmaus; zwischen den Vorderbeinen kein oder nur ein schwach gelblichbrauner Längs- und Querstreifen. *Vorkommen:* Bevorzugt tiefgründigen Laub- und Laubmischwald mit lockerem Boden und rauborkigen älteren Bäumen, an denen sie leicht hochklettert; kommt vom nassen Auwald bis zu sonnigen Hanglagen nahezu überall vor; meidet ausgedehnten reinen Fichtenwald sowie Kiefernbestände auf Sandboden. Im Laubwald der Ebene während der Nistkastenkontrollen reichlich anzutreffen, doch alljährlich an Zahl stets schwankend. Während warmer, trockener Sommer und bei reichlich Nahrung durch Waldsämereien kann die Mäusedichte im Herbst auf 10 bis 15 Stück je ha in den Nistkästen ansteigen. Der intensive Mäusegeruch am Stamm aufwärts und in den Nistkästen lockt immer wieder neue Mäuse aus den Erdlöchern des Waldbodens hinauf zu den Vogelnistkästen. *Nest:* Waldmäuse bevorzugen Nistkästen mit Meisennestern mit reichlich Moos und Wolle, in deren Mitte sie einschlüpfen; obenauf legen sie – nicht immer – einige dürre, kleinere, braune Laubblätter; mehr Blätter tragen sie auf Trauerschnäppernester und zerbeißen sie samt dem vorhandenen Nistmaterial in kleinere Stücke, mischen alles durcheinander und überwölben ihren Ruheplatz in der Nestmitte. Dieses Gemisch erhält bald intensiven typischen Mausgeruch durch Abgabe von Urin und Kot in die Kastenecken. Ein solches schlampiges, stinkendes Nest ist beim Öffnen des Nistkastens sogleich als »Mausnest« feststellbar. Dem Herbst zu werden in den Nestern ab und zu Wintervorräte gesammelt, wie z. B. Bucheckern, Haselnüsse, Hagebutten, Eschensamen und Schneeballbeeren, die bei Kälte im Stich gelassen verschimmeln. *Verhalten:* Im Frühjahr April/Mai frisst die Waldmaus in Vogelnistkästen gern

*Waldmäuse bevorzug Vogelnistkästen mit Meise nestern und überwölben in der Nestmitte als Ruhepl oder für die Jungenaufzuc Obenauf legen sie nicht imm einige dürre, kleine, brau Laubblätt*

Waldmausnest nach Meisen

frische Vogeleier und zerkleinert die Eierschalen restlos. Während der Lege- und Brutzeit der Vögel schädigt sie vorwiegend Trauerschnäpper, Gartenrotschwanz und Baumläufer, weniger die Meisen, die, wenn sie im Nest anwesend sind, bei Störung fauchend und zischend die Mäuse erschrecken. Doch Hauben- und Sumpfmeisen zischen nicht, und die Mäuse wagen sich vor, die Meisen fliehen und verlieren so manches Gelege an die Waldmäuse. Der Kleiber verliert nie Eier an Waldmäuse, da die raschelnde und rutschige Kiefernspiegelrinde des lockeren Kleibernestes eindringende Mäuse sofort verscheucht. Ohne Tötung während der Nistkastenkontrolle können Waldmäuse in Vogelnistkästen immer häufiger werden und die Singvögel laufend erheblich beeinträchtigen. Waldmäuse sind im Alter von 3-6 Monaten schon fortpflanzungsfähig und werfen nach 26-28 Tagen Trächtigkeit während der Sommerzeit 2-mal 2-7 Junge.

Waldmäuse tragen auch zur Vermehrung und Verbreitung von Vogelflöhen in Vogelnistkästen bei; sie können 4-6 Jahre lang leben und halten keinen Winterschlaf.

Während kalter Wintertage werden vorbereitete Nester aus zerbissenem altem Laub und Gras im Erdboden aufgesucht, in die während des Herbstes oft große Mengen Samen der verschiedenen Waldbäume eingetragen wurden. Diese Samen werden der natürlichen Verjüngung der Laubbäume entzogen und im Winter bisweilen vom Schwarzwild ausgegraben und verzehrt. Der gefürchtete Rindenverbiss der Waldmäuse gefährdet 2-15-jährige Waldbäume, so Rot- und Hainbuche, Esche, Ahorn, Eiche, Ulme, Birke, Aspe und Weide, auch Hasel und Holunder. Angepflanzte Kulturen, auch der Nadelhölzer, und natürliche Verjüngungen schädigt die Waldmaus in Gesellschaft von Gelbhalsmaus, Schlafmäusen, Eichhorn und den Nicht-Nistkastenbewohnern Rötelmaus und Erdmaus mitunter wesentlich stärker und anhaltender als es Rot- und Rehwild zugeschrieben wird. Dieses waldverjüngungsfeindliche Verhalten der Waldmaus tritt vorwiegend in Wintern nach warmen Sommern (Vermehrung!) und unter länger anhaltender Schneedecke als erheblicher Schaden in Erscheinung.

*Waldmäuse zerbeiß*
*das gesamte Nistmaterial v*
*Trauerschnäppernestern*
*kleine Stücke und trag*
*oft noch trockene, brau*
*Blätter dazu, vermisch*
*alles und überwölben*
*Nestmulde, unter der sie s*
*aufhalte*

## Waldmausnest nach Trauerschnäpper

**Gelbhalsmaus**, *Apodemus flavicollis:* Zwischen den Vorderbeinen verläuft quer ein deutlich sichtbares hellgelbbraunes Band, daher ihr Name „Gelbhalsmaus". Sie ist größer und stärker, jedoch nicht so flink wie die Waldmaus. Ihr Körper misst bis zu 11 cm, desgleichen ihr Schwanz. *Vorkommen:* Die Gelbhalsmaus ist nicht überall weit verbreitet und kommt nicht so anhaltend häufig vor wie die Waldmaus. In Laubwäldern, auch in höheren Lagen mit reichlich Eiche, Rotbuche, Bergahorn und Vogelbeere wird sie öfter angetroffen, meidet aber grundwassernahe Ebenen, ebenso reinen Fichtenforst und Kiefernbestände auf Sandboden. Sie vermehrt sich innerhalb weniger Jahre sehr rasch in Vogelnistkästen, um wieder fast oder ganz für einige Jahre auszubleiben, trotz Eichel- und Buchenmast und auch bei sonst ausreichender Nahrung. In einem Vogelansiedlungsversuchsrevier von 200 ha Laubmischwald in hügeligem Gelände mit 700 Vogelnistkästen befanden sich während einer Kontrolle erstmals 7 weibliche Gelbhalsmäuse mit 38 Jungen und 3 Männchen in mit Eicheln vom Herbst zuvor vollgefüllten 7 Vogelnistkästen. Die anwesenden Mäuse wurden geduldet und in den Nistkästen gelassen. Ein Jahr später waren in 56 Nistkästen zusammen 164 alte und junge Gelbhalsmäuse. *Nest:* Es ist dem Nestbau der Waldmaus nicht ähnlich, denn der zuvor möglichst leere Nistkasten wird mit Blättern ganz angefüllt. Die eingetragenen abgestorbenen braunen Eichen- und Buchenblätter werden nicht wie bei der Waldmaus zerkleinert, höchstens im unteren, inneren Nestteil einige wenige als weiche Sitzunterlage; die übrigen Blätter bleiben ganz erhalten und werden auch im rechteckigen Kasten locker hochgelegt. Infolge Urin- und Kotabgabe in die Nestecken besteht noch intensiverer Mausgeruch als bei der Waldmaus. *Verhalten:* Gelbhalsmäuse schlüpfen im zeitigen Frühjahr nachts beim Bäumeklettern auf der Unterkunftssuche in zufällig oder durch alte Geruchsmarkierung gefundene Vogelnistkästen ein. Sie gehen dabei nicht auf Raub aus, um Singvogelbruten zu zerstören. Sie bevorzugen leer angetroffene Nistkästen, in denen sie wohnen wollen, suchen nicht weiter und lassen Vogelbruten der Nachbarnistkästen ungestört. Sie tragen aber zur Verbreitung von Vogelflöhen bei. Treffen sie aber bei ihrer Unterkunftssuche direkt auf einen vogelbesetzten Nistkasten, dann werden sowohl brütende Singvogelweibchen als auch Eier und Jungvögel gefressen, die Nestmulde vergrößert und überwölbt. Die Fleischteile der Vögel werden säuberlich abgenagt und verzehrt, Vogeleierschalen gänzlich zerkleinert.

*Eine Gelbhalsmaus überfiel im Nistkasten eine Langohrfledermaus und nagte alle Fleischteile säuberlich herau[s]. Die eingetrockneten Überreste wurden später von Mottenraupen angefressen.*

Vor Gelbhalsmäusen fliehen Wald- und Haselmäuse aus den Nistkästen, Sieben- und Gartenschläfer dagegen nicht. Einzeln in Vogelnistkästen sich aufhaltende Fledermäuse der kleineren Arten, wie z. B. Männchen der Langohr-, Fransen- und Bechsteinfledermäuse, werden von einer Gelbhalsmaus ohne weiteres überwältigt. Doch an Wochenstuben dieser Fledermausarten mit mehreren Weibchen wagen sie sich nicht und meiden solche Nistkästen. Von einzeln überfallenen Fledermäusen nagt die Gelbhalsmaus alle Fleischteile sauber heraus, verzehrt auch Herz, Lunge und Leber, lässt jedoch Kopf, Knochen, Haut mit Haaren und Eingeweide übrig. Große Fledermäuse, wie Mausohr und Abendsegler, greift sie auch einzeln nicht an. Im September/Oktober tragen sie an Sämereien vorwiegend Eicheln und Bucheckern oft in großen Mengen nicht nur in Erdlöcher, sondern auch in Vogelnistkästen, die bis zum Fluglochrand

*Die Gelbhalsmaus möchte[ im] Gegensatz zur Waldm[aus] lieber kein Vogelnest im N[ist]kasten vorfinden, denn [sie] bevorzugt es, den ganzen N[ist]kasten mit unzerkleinert[en] harten, braunen Blättern v[on] Eiche und Rotbuche bis un[ter] das Flugloch anzufüll[en].*

Nest der Gelbhalsmaus

angefüllt werden. In nahrungsärmeren Jahren ziehen sie 2, sonst 3 Würfe mit je 2-7 Jungen groß, die man in Samenjahren von Eiche und Buche oft noch alle beisammen Anfang September im Vogelnistkasten antreffen kann, also ohne weiteres 10 -15 Junge. Männchen bauen oft eigene Nester für sich allein in einem Nistkasten. Der eingetragene Vorrat vom Jahr zuvor an Eicheln und Bucheckern ist spätestens Ende August in den Nistkästen völlig aufgezehrt.

**Haselmaus**, *Muscardinus avellanarius:* Körperlänge bis 7 cm, mit Schwanz 13 cm, ziemlich behaart, jedoch nicht buschig. *Vorkommen:* Über ganz Mitteleuropa verbreitet; anzutreffen in hügeligen, warmen und trockenen Wäldern mit Alteichen, auch Rot- und Hainbuchen, Ahorn und Linde, selbst mit reichlich Fichtenbeimischung; bevorzugt hauptsächlich Gebüsche an sonnigen Rändern; im Bestandesinnern teilweise fehlend, den reinen Fichten- und Kiefernwald meidend. Ihren Winterschlaf hält sie unter Wurzelhälsen starker Bäume im trockenen, frostfreien Waldboden der Hänge und ist deshalb in Auwäldern mit Überschwemmungsgefahr und nassen Ebenen nicht anzutreffen. *Nest:* Weibchennester sind meist aus dürren, braunen, abgefallenen, ganzen Rotbuchenblättern hübsch geformt und mit einigen langen, vergilbten Grashalmen zusammengehalten. Eichenblätter sind meist zu hart. In der Mitte des Nestes befindet sich für die Jungenaufzucht ein fest gefügtes kugeliges Innennest aus vergilbten, weichen Grashälmchen wie Bast mit kleinem Einschlupfloch. Männchennester sind ohne diese Innenausstattung nur aus altem Laub, meist der Rotbuche, ziemlich locker zusammengeschichtet. Die Nester findet man gleichermaßen in leeren Vogelnistkästen wie auf einem Vogelnest. Im Gegensatz zu Waldmausnestern werden keine Blätter zerbissen. *Verhalten:* Haselmäuse sind an sich ortstreu, doch Männchen können in einem Sommer bis 1,5 km wandern. Sie beziehen Vogelnistkästen, auch solche mit kleinem, rundem Flugloch von nur 27 mm Durchmesser, den Sommer über besonders gern für Aufenthalt und Fortpflanzung. Die meisten Haselmäuse leben im Gebüsch und haben dort auch ihre kugeligen Nester. Nur ein Teil der Haselmäuse findet beim Beklettern von Bäumen zufällig einen Vogelnistkasten; aber einmal entdeckt, suchen und finden sie ihr Leben lang hartnäckig jedes Frühjahr diesen und weitere Vogelnistkästen als sicheren und trockenen Unterschlupf. Ebenso tun das ihre in Vogelnistkästen geborenen Jungen. Markierte Tiere wurden bis zu 5 Jahre lang alljährlich während der Nistkastenkontrolle im selben oder einem Nachbarkasten wieder angetroffen.

Zwischen Mitte Mai und Ende September bringen die Weibchen nach 22 Tagen Tragzeit 2 mal je 3-5 Junge zur Welt, wobei sie sich zeitlich nach trockenem und warmem Wetter richten. Die Jungen wachsen rasch heran und verlassen nahezu ausgewachsen spätestens Mitte Oktober samt den Alten die Nistkästen, um sich einzeln oder paarweise zum Winterschlaf in vorbereitete Nester ins Wurzelwerk der Bäume im Boden zu verkriechen. Bereits Ende April beginnen sie, vom Winterschlaf erwacht, in trockenen und windstillen Nächten mit ihrem Nestbau in Vogelnistkästen und vertreiben die um diese Zeit schon eierlegenden Hauben- und Sumpfmeisen sowie die Baumläufer von ihren Gelegen und lecken deren Eier aus. Bei zeitigem Frühjahr haben aber auch schon Kohl-,

*Weibchennest einer Haselma auf einem alten Kohlmeisenn in einem Nistkasten aus Ho Das Nest ist inn wohlgeformt als Wohnraum die Jungen aus feinen, al Grashalmen und kuge fest zusammengefügt. Es w umgeben mit braun Buchenblättern und vergilbt Bandgr*

Haselmausnest

Blau- und Tannenmeise mit dem Legen begonnen und können ihre Eier ebenfalls an Haselmäuse verlieren. Erscheint eine Haselmaus jedoch erst, wenn diese Meisenarten zu brüten begonnen haben, dann zischen die Meisen mit ruckartigen Bewegungen und bleiben fest auf dem Gelege sitzen. Die Haselmaus erschrickt, verlässt den Kasten und sucht ihn nicht mehr auf. Haselmäuse fressen auch unbebrütete verlassene Eier mit schon eingetrocknetem Dotter gern aus. In Kleibernester dringen sie nicht ein, denn sie scheuen die raschelnde und rutschende Kieferspiegelrinde. Ab Mitte Mai vertreiben die Haselmäuse dann gern die als Zugvögel erst jetzt zurückgekehrten Gartenrotschwänze und Trauerschnäpper von ihren Nestern und lecken alle Eier der Gelege fein säuberlich aus, ohne die Schalen ganz zu zerdrücken oder zu zerkleinern und teilweise zu fressen, wie es Wald- und Gelbhalsmäuse tun. Doch im Gegensatz zu jenen bleiben die Haselmäuse, vor allem die Männchen, dann nicht in diesen Nistkästen, sondern verlassen sie nach dem Auslecken der Eier meist gleich und suchen nach weiteren Vogelnestern mit Eiern. Werden frisch geschlüpfte Jungvögel angetroffen, so können Schnäbel, Köpfe und Beine angenagt und die Gehirne ausgeleckt werden. Altvögel werden von Haselmäusen nie angegriffen. Die hauptsächliche Nahrung der Haselmäuse besteht aus vielerlei Knospen, zarten Trieben, Baum- und Grassämereien, Beeren und Nüsschen der verschiedenen Sträucher und Stauden am Waldrand. Nur in geringem Umfang richten sie Schaden durch Ringelung und Rindenfressen an Laub- und Nadelhölzern an.

Durch das Aufhängen mardersicherer Vogelnistkästen haben sich die Haselmäuse zusehends vermehrt und weithin gut verbreitet. Sie sind in ausgedehnten Eichenwäldern an sonnigen Hanglagen stellenweise zu häufig in Vogelnistkästen anzutreffen. Gefangene und in andere Wälder umgesiedelte Haselmäuse, wo bisher noch keine vorkamen, sind dort zum Teil schon seit 20-30 Jahren heimisch. In einem Versuchsrevier wurden 25 Jahre lang alle in Nistkästen angetroffenen Haselmäuse markiert und über 5 km entfernt in andere Reviere verpflanzt, im Durchschnitt jährlich 30 Tiere, was keine Abnahme in den Nistkästen des Versuchsreviers zur Folge hatte. Von den markierten Tieren kehrten keine zurück, wurden aber in ihrer neuen Heimat wieder in Vogelnistkästen angetroffen.

Der Name „Haselmaus" ist volksbekannt, jedoch bleibt diese kleine Schlafmaus (Tagschläfer!) der Waldrandgebüsche als Dämmerungs- und Nachttier tagsüber unseren Blicken verborgen und wird daher für selten gehalten, obwohl das keineswegs zutrifft. Sie ist die einzige heimische »Maus«, die nicht beißt, keinen Mäusegeruch an sich hat, hübsch aussieht, rasch zahm wird und in der hohlen, warmen Menschenhand ruhig sitzen bleibt.

*Von einer Haselm
aufgebissene und ausgelec
frische Eier ei
Trauerschnäppergeleg
In den Schalenres
hinterließ sie ℎ*

Von Haselmaus aufgebissenes Trauerschnäppergelege

*Weibliche Siebenschläfer, die Junge aufziehen, tragen viele von Zweigen abgebissene Buchenblätter ein, die während des Heranwachsens der Jungen durcheinander gewühlt werden*

**Siebenschläfer**, *Glis glis* (auch Bilch oder Baumratte genannt): kleiner als das Eichhorn, rattengroß, Körper bis 16 cm, buschiger Schwanz bis 13 cm. *Vorkommen:* Mittel- und Südeuropa, in Laub- und Mischwäldern hügeliger und mittelgebirgiger Gegenden; ebene Wälder, so die Norddeutsche Tiefebene meidend, wegen Wassergefahr während des 7 Monate dauernden Winterschlafes (daher sein Name „Siebenschläfer"!). Der Winterschlaf wird nicht in Vogelnistkästen gehalten, sondern in frostfreier Bodentiefe, auch in Gesteinsspalten und unter Wurzelstöcken ohne Nestanlage, wobei der Siebenschläfer so gut wie keine Verluste erleidet. Infolge heimlicher, nächtlicher Lebensweise bleiben viele Aufenthaltsorte unbemerkt und werden erst durch das Aufhängen mardersicherer Vogelnistkästen bekannt. Siebenschläfer halten sich auch gern fast ohne Winterschlaf auf Dachböden geheizter Berg- und Jagdhütten sowie waldnaher Häuser, Gartenhäuser und in Bienenständen auf. Sie sind sehr ortstreu. *Nest:* Trägt nach dem Winterschlaf von Ende Mai an in leere Vogelnistkästen oder auf Vogelnester abgebissene ganze grüne Blätter vorwiegend von Rotbuche ein, ab und zu auch einige Fichten und Lärchenzweigchen dazu. Mehrjährige alte Männchen beziehen für sich allein jedes Jahr möglichst denselben Nistkasten und tragen nicht allzu viel Nistmaterial ein. Weibchen dagegen füllen nahezu den ganzen Nistkasten mit grünen Buchenblättern, die dann trocknen und heufarben, nicht braun werden, was eindeutig auf den Siebenschläfer hinweist, denn kein anderer Nistkastenbewohner trägt ausschließlich frisches, grünes Nistmaterial ein. Die Weibchen werfen nach 30-tägiger Tragzeit im Juli/ August 5-7 Junge, die rasch heranwachsen. Bis Mitte Oktober haben sie schon ausreichend Fett für den 7 Monate dauernden Winterschlaf angesetzt.
*Verhalten:* Nach dem Winterschlaf Ende Mai/ Anfang Juni und dem Eindringen in einen Vogelnistkasten (ovales Flugloch 3 x 4,5 cm und 27 mm rund)

Siebenschläfernest

*Nest eines männlichen Siebenschläfers mit trockenen, aber charakteristisch grün bleibenden Buchenblättern.*

*Die Siebenschläfer fressen neben Samen, Nüssen, Früchten und Insekten auch Vogeleier und Jungvögel.*

werden Vogeleier, auch Altvögel und Junge jeden Alters verzehrt, Federn, Knochen und Eierschalen niedergetreten. Vor dem Siebenschläfer weichen alle Nistkastenbewohner aus, er selbst nur vor Hornisse, Wespe und Hummel. Sagt ihm ein Nistkasten zum Verweilen den Sommer über zu, so kümmert er sich nicht um die Nachbarnistkästen und lässt die Vogelbruten in diesen unbehelligt. Nach Möglichkeit werden alle Jahre in erster Linie solche Nistkästen wieder bezogen, die von den Jahren zuvor Siebenschläfer-Gerüche aufweisen.

Versuche, Vogelnistkästen zu konstruieren, die von Siebenschläfern nicht bezogen werden können, sind alle fehlgeschlagen. Siebenschläfer können in alle Fluglochgrößen einschlüpfen, einjährige Tiere selbst schon in 27-mm-Kästen für Kleinmeisen. Versuche mit glatten Kastenwänden aus Kunststoff und Glas hinderten sie nicht hochzuklettern, da sie an jeder Fußsohle 6 Blasen mit reichlich Drüsensekret besitzen und aufgeblähte Haftschwielen an den Zehenspitzen haben, um nirgends abzurutschen. Auch ein Vergällen mit Duftstoffen hilft nicht, da Siebenschläfernester selbst stark riechen.

Bei starker Vermehrung und Ausbreitung des Siebenschläfers mit z. B. 80 bis 150 Tieren je Revier bzw. 40-80% von ihm besetzter Vogelnistkästen, werden nicht nur den Vögeln zu viele Nistkästen weggenommen und Altvögel, Gelege sowie Bruten vernichtet, sondern es tritt auch den Sommer über meistens ein sichtbarer forstlicher Schaden durch Abbisse von Trieben, Ringeln und Schälen von Ästen und Stämmchen vorwiegend bei Lärche, Pappel, Kiefer und weiteren Laubgehölzen in Siebenschläfernähe ein. Dem Herbst zu verzehren sie mit großer Gefräßigkeit massenhaft Bucheckern, Eicheln und weitere Baumfrüchte von Ahorn, Esche und Hainbuche, wobei Fichten- und Akaziensamen unbeliebt sind. Siebenschläfer können bis zu 9 Jahre alt werden und mehrere Kilometer weit wandern, um Neuland zu erkunden. Zur Verringerung eines örtlich Schaden stiftenden Siebenschläferbestandes werden in der 3.-4. Augustwoche mit Siebenschläfern besetzte Vogelnistkästen heruntergenommen. Der Inhalt wird mit einem starken Ruck in einen Plastiksack geleert.

**Gartenschläfer**, *Eliomys quercinus:* Kleiner als der Siebenschläfer, nicht ganz rattengroß; Körper bis 14 cm, Schwanz bis 12 cm mit stärkerer Behaarung am Ende. *Vorkommen:* Bewohnt gern steiniges und felsiges Gelände von der Ebene bis in die Alpen über 2.000 m Höhe und geht damit weit höher als die anderen Schläferarten. In Niederbayern und im Fränkischen Jura kommt er nur spärlich vor, etwas zahlreicher dagegen in den mit Kiefern und Lärchen durchsetzten sonnigen Hängen der westlichen Mittelgebirge bis zum Rheinland. Dort trifft man ihn nicht selten in den gebüschreichen Laubwaldhängen sowie im Obst- und Weinbaugelände. Wo mardersichere Vogelnistkästen hängen, nimmt auch er zu. Der Gartenschläfer geht dem Siebenschläfer aus dem Weg und ist flinker und scheuer als jener. *Nest:* Der Gartenschläfer baut kein charakteristisches eigenes Nest, sondern sucht vorhandene Vogelnester auszuhöhlen und versteckt sich darin. Vorgefundene Federn, Tierhaare und Wolle sind nicht von ihm eingetragen worden. Wie weit Flechten, vergilbte Grashalme, Laub und Moos von ihm oder von Vögeln stammen, lässt sich nicht genau feststellen, sie stammen aber wahrscheinlich nur von den Vögeln. *Verhalten:* Bei einer Nistkastenbesetzung Ende April nach dem Winterschlaf angetroffene

*Ein Gartenschläfer verlä*
*eine Höhle des selten*
*Dreizehenspechtes in ein*
*Arve (Zirbe) im Engad*
*(Schwei*

# Gartenschläfer als Nesträuber

Vögel oder Vogeleier verzehrt er mit Gier und schont auch die Bruten in Vogelnistkästen der Umgebung nicht, verzichtet jedoch auf das weithin angelegte Ausräubern von Nistkästen nach Art des Baummarders. Das Weibchen wirft in Vogelnistkästen Ende Mai/Juni 3-5 Junge, die rasch heranwachsen und bei der Nistkastenkontrolle im September nahezu ausgewachsen angetroffen werden können. Nach dem Öffnen des Nistkastens entweichen sie wesentlich gewandter und schneller als Siebenschläfer und Haselmäuse. Schäden an Waldbäumen und ihren Sämereien sind von Gartenschläfern nur vereinzelt, hauptsächlich in Österreich durch Ringelung an Lärche und Kiefer in höheren Lagen von 1.000 bis 1.650 m Höhe bekannt geworden. Ansonsten zieht der Gartenschläfer tierische Nahrung der pflanzlichen vor. So liebt er Insekten jeder Art, von der kleinen, weichen Mücke und Fliege über harte Lauf-, Mist- und Maikäfer sowie Häuschenschnecken bis zur Maulwurfsgrille. Auch Eidechsen, Blindschleichen, Frösche und Mäuse überwältigt er. Im Lärchen- und Arvenwald der Gebirge verzehrt er sogar Eier und Junge des seltenen Dreizehenspechtes in dessen selbst gezimmerter Nisthöhle. Erst gegen den Herbst hin verlegt er sich nach Möglichkeit auch auf reifes Obst und auf Weintrauben, mit deren Hilfe er sein Fett für den Winterschlaf ansetzt. Bei zunehmender Herbstkühle sucht er Fels- und Gesteinsspalten, auch Wohnhäuser, Scheunen, Obstkeller, Gartenhäuser und Bienenstände auf und hält darin in dunklen Verstecken seinen Winterschlaf.

**Baumschläfer**, *Dyromys nitedula*: Körperlänge 9 cm, Schwanzlänge 8 cm; sein buschiger Schwanz lässt ihn größer und stärker erscheinen als er ist. *Vorkommen:* Sehr selten und auf Mittelgebirgs- und Gebirgslagen mit vorwiegend Fichten, Lärchen und Kiefern hauptsächlich auf Tirol und Schlesien beschränkt; ab und zu über der Grenze vom Böhmerwald in Bayern. In Gegenden seines Vorkommens in Höhenlagen zwischen 500 und 1.500 m werden weniger häufig Vogelnistkästen aufgehängt, die er jedoch bezieht. In Berg-, Jagd- und Sennenhütten wurde er schon angetroffen, ist heimlich und still, klettert nachts gewandt umher. Seine Anwesenheit in einer Hütte wird bisweilen erst dann festgestellt, wenn er bereits in einem Milchgefäß ertrunken ist oder sich in einer Mausefalle fing. Der Unkundige hält ihn leicht für einen noch nicht ausgewachsenen Siebenschläfer. *Nest:* In Vogelnistkästen trägt er einige Baumflechten ein, ordnet sie aber nicht zu einem für ihn charakteristischen Nest, sondern vermengt sie gern mit dem vorhandenen Nistmaterial von Meisen. In diesem reinlich gehaltenen Nest bringt das Weibchen Ende Juni 3-4 Junge zur Welt, die es allein und sorgsam großzieht. *Verhalten:* Die Bewegungen des Baumschläfers, seine erstaunlichen Kletterkünste und auch die Nahrungssuche ähneln sehr denjenigen des Gartenschläfers. Tierische Nahrung zieht er Beeren, Knospen und Sämereien vor. Was sich an Kleingetier bewegt, wird blitzschnell gefasst.

# Marderschutz

*Eulenhöhlen mit großer Fluglochweite und ohne speziellen Marderschutz (hier eine glatte Vorderwand aus Holzbeton) sind für Bruträuber nahezu ein „Selbstbedienungsladen".*

*60 cm hohe Blechmanschetten müssen 1 m unter und über einem Nistkasten für Hohltauben und für Vogelarten, die ein größeres Flugloch benötigen, angebracht werden, um Eichhorn, Baum- und Steinmarder vom Nistkasten abzuhalten.*

**Eichhorn**, *Sciurus vulgaris:* Körper bis 30 cm, buschiger Schwanz bis 20 cm lang; Farbübergänge von fuchsrot (hauptsächlich Kiefernwald) bis fast schwarz (Fichtenwald und Gebirge). Bauch immer weiß. Ein possierliches, affenähnliches Tier mit verkürzten Vorderbeinen und fingerartigen Zehen; die Ohren im Winter mit Haarbüscheln. Es entzückt mit seinen drollig hüpfenden Sprüngen, seinen Kletterkünsten und seinem Männchenmachen; ergötzt Spaziergänger in Wald, Park und Garten, obwohl nahezu niemand eine Ahnung von dem Treiben dieses sich harmlos gebenden Tieres hat. *Vorkommen:* Überall in Europa häufig, von der Ebene bis hinauf zur gebirgigen Waldgrenze, wo es ausreichend Bäume und Dickungen gibt. *Nest:* Mehrere kleine und einfache Sommerschlafnester aus abgebissenen Ästchen mit vertrocknetem Laub. Für die Jungenaufzucht und den Winter über zum Schlafen werden sehr gut ausgepolsterte große Nester (Kobel) hoch in Ästen abseits des Stammes wie auch in Staren- und Hohltaubennistkästen angelegt. Im Geäst der Bäume sind die Nester mit Reisig fest umgeben, in Vogelnistkästen dagegen ohne Reisig nur gleichmäßig ausgepolstert mit Moos und zerschlissenem Bast, vorwiegend von Lindenästen abgezogen, auch von Weide, Eiche und Ulme. *Verhalten:* Morgens, gleich bei Tagesanbruch, ist das Eichhorn schon unterwegs, den ganzen Tag über geschäftig Bäume absuchend und abends zur Übernachtung in eines seiner Schlafnester schlüpfend. Es frisst den ganzen Winter über auf den Bäumen die Samen von Fichte, Kiefer, Lärche, Ahorn und Hainbuche. Um seinen Durst zu stillen, nagt das Eichhorn Äste von Birke, Ahorn, Eiche, Esche und anderen Laubhölzern an und leckt den austretenden Saft ab.

**Baummarder**, (Edelmarder), *Martes martes:* Körperlänge 50-55 cm, dazu der Schwanz mit 30 cm; glänzend dichter, weicher, brauner Pelz; *Vorkommen:* Über ganz Mitteleuropa verbreitet. Wo es in Ebene oder Gebirge Wald von mindestens 300 ha Größe gibt, zieht er auch seine 2-3 Jungen auf und lebt fern von menschlichen Wohnungen in möglichst abwechslungsreichen Waldbeständen. *Verhalten:* Springt behände über Äste und Zweige von Baum zu Baum, daher sein Name »Baummarder«. Das Eichhorn holt er ein und ist dessen gefürchtetster Feind, wodurch sich der Baummarder forstnützlich zeigt. Andererseits ist er forst- und jagdschädlich durch Ergreifen aller Vögel vom Zaunkönig bis zum balzenden Auerhahn, auch Hasen und Rehkitze überwältigt er. Seine Jungen zieht er in hohlen Bäumen, Hohltauben-Nistkästen und Eichhornkobeln groß. Er trägt selbst kein Nestmaterial ein.
Rund 60 Jahre lang, von 1900 bis 1960, hatte der Baummarder die Möglichkeit, aus Hunderttausenden bis dahin gegen seine Pranten ungeschützten künstlichen Vogelnistkästen im Wald Singvogelbruten und Fledermäuse herauszuziehen, wobei er mit seinem hervorragenden Spürsinn reichlich Beute machte. Der Baummarder richtete dabei wesentlich mehr Schaden an als das Eichhorn und der Buntspecht mit ihrem mühseligen und zeitraubenden Erweitern der Fluglöcher. Aber das Eichhorn ist dem Baummarder beim Aufspüren und Ausräubern der Nester freibrütender Singvögel des Waldes weitaus überlegen. Erfreulicherweise kann jetzt der Schaden von Marder, Eichhorn und Buntspecht an angesiedelten, nistkastenbrütenden Singvögeln vermieden werden, wenn die hierfür geeigneten Nistkästen aus Holzbeton Verwendung finden.

# Eichhörnchen als Eiräuber

*Neben Nistkästen sucht das Eichhörnchen auch Freigelege, hier jenes der Misteldrossel im Geäst einer Kiefer, heim. Im Frühjahr und Sommer findet das Eichhörnchen Vogelnester der freibrütenden Singvögel auf Bäumen, im Gebüsch und auf dem Waldboden. Besonders Buchfinken, Goldhähnchen, Zaunkönige, alle Drosselarten, Heckenbraunellen und der Baumpieper haben sehr unter ihm zu leiden. Es verzehrt in gleicher Weise Eier wie Jungvögel. Es plündert die Nester mit Eiern und Jungen der Ringel-, Hohl-, Turtel- und Türkentauben aus. Auch in Baumhöhlen von 46 mm Fluglochdurchmesser (Star und Buntspecht!) und darüber dringt es ein und vernichtet die Vogelbruten. Kleinere Einschlupflöcher nagt es so lang größer, bis es eindringen kann. Sicher vor dem Eichhorn sind nur Singvogelbruten in harten Holzbetonnistkästen.*

# INSEKTEN

Die **Stechimmen** *(Aculeaten)* erfüllen im Naturhaushalt als Blütenbestäuber, Räuber und Schmarotzer wichtige Aufgaben. Für den Gartenbesitzer sind daher diese Hautflügler als Nistkastenbewohner ebenso willkommen wie die höhlenbrütenden Vogelarten. Neben der biologischen Schädlingsbekämpfung unterstützen sie die Blütenbestäubung und die Fruchtbildung. Im Meisenkasten siedelt am ehesten die **Baumhummel** *Pyrobombus hypnornum*; eigentlich eine Waldart, die seit Jahrtausenden verstärkt in die Städte zieht. Der Hummelstaat lockt „Untermieter" an, die lästig bis zerstörerisch werden können. Die **Hummel-Wachsmotte** *Aphomia sociella* L. (Pyralidae) legt nachts ihre Eier in großer Anzahl in Hummelnester. Anfangs fressen die jungen Mottenlarven hauptsächlich Nestabfälle oder leere Kokons, später Wachszellen oder die Nahrungsvorräte und schließlich die Jungen der Hummeln.

Auch die **Steinhummel** *(Pyrobombus lapidarius)* besiedelt Meisenkästen. Für ihre eigene Ernährung benötigen die Hummeln während des ganzen Sommerhalbjahres ein kontinuierliches Angebot von Nektar und Pollen. Die Steinhummel kann mit ihrem 10-14 mm langen Rüssel etwa 200 Futterpflanzenarten nutzen. Die kurzrüsseligere Baumhummel mit ihrem 8-12 mm langen Rüssel nur etwa 45 Pflanzenarten.

Hummeln haben relativ hohe Ansprüche an ihre Nistplätze. Im städtischen Bereich besiedelt die Baumhummel ausgediente Vogelnester sowie Mauer- und Felsspalten, sofern Nistmaterial, wie Tierhaare, Laub oder Moos, vorhanden ist (Hagen, 1988). Dementsprechend dienen Vogelnistkästen den Hummeln vor allem dann, wenn die jährliche Säuberung der Nistkästen im Winter unterbleibt. In der Praxis passiert es ohnedies, dass man einzelne Nistkästen zur Reinigung schlecht erreicht oder in manchen Jahren auf deren Reinigung vergessen. Wer Sieger im Konkurrenzkampf um den Nistkasten bleibt, ist ungewiss; manchmal vertreiben Hummeln nistende Vögel, manchmal läuft es auch umgekehrt. Der erfahrene Nistkastenbetreuer erkennt bei der winterlichen Nistkasten-Reinigung aufgrund der Brutzeichen die vorangegangenen Nistversuche, sowohl der Vögel wie auch der Hautflügler.

**Hornisse**, *Vespa crabro:* Größte, stärkste und wehrhafteste Wespenart. *Vorkommen:* Am häufigsten in den Randpartien sonnendurchfluteter älterer Laub- und Laubmischwälder der warmen Ebenen und des beginnenden Hügellandes, die mit Eiche, Linde, Esche, Erle, Hainbuche und Ulme durchsetzt sind. In Wäldern mit mehr Eichen ist sie häufiger (im Durchschnitt auf 100 ha 3 Hornissenstaaten in Vogelnistkästen); meidet Reinbestände von Fichte, Kiefer, Rotbuche und Erle. Lässt man einen Hornissenstaat während der Nistkastenkontrolle im Herbst unbehelligt und alle jungen Königinnen ausfliegen, dann findet man im folgenden Jahr in mindestens 5-8 Vogelnistkästen der Umgebung Hornissenstaaten auf 50 ha Waldfläche. *Nest:* Farbe der Umhüllung gelb-

*Der frühzeitige Tod d[er] Hornissenkönigin ließ ihr[en] Staat nicht weiter gedeih[en]. Die Arbeiterinnen verließ[en] ihn. Man sieht se[hr] schön die Hülltaschen un[d] der Nestumhüllung, die d[em] ausgleichenden Wärmesch[utz] für die Larven [in] den Wabenzellen dien[en]*

Verlassenes Hornissennest

braun bis rotbraun, meist waagrecht muschelig gestreift, je nach Baumaterial, das von Eiche, Esche, Erle, auch Pappel und Linde stammend, durch Fäulnis morsch und mürb wurde und sich zwischen den Fingern pulverig verreiben lässt. Die Nesthüllen bleiben trotz Speichelzusatz brüchig und spröd. Das Baumaterial für die starken, harten Tragsäulen und Stiele zwischen den Wabentellern und deren Böden wird von lebenden Zweigen und jüngeren Stämmchen der Eiche, Esche und weiterer Laubhölzer abgenagt und mit Leimsubstanz aus Speichel vermischt. Die röhrenförmigen, dachziegelartig übereinander liegenden Hülltaschen der Wabenumhüllung dienen dem ausgleichenden Wärmeschutz für die Waben mit den Larven. Die endgültige Nestgröße, die Zahl der Wabenteller und Zellen hängt von der Größe des durch die Hornissenkönigin zu Anfang gewählten Hohlraumes sowie auch von der Wärme der Sommer- und Herbstmonate ab. *Verhalten:* Hornissen benagen Zweige und junge Stämmchen, die dann absterben, fangen Honigbienen an den Bienenständen

*Der Hornissen-Kasten aus Schwegler-Holzbeton, vor allem an Wald- und Parkrändern an Laubbäumen angebracht, sollte erst im April des folgenden Jahres völlig geleert werden, da in ihm unterschiedliche Insekten wie z. B. die Florfliegen überwintern.*

*Wenn 4-5 Wabenteller eines Hornissennestes mit heranwachsenden Larven voll gefüllt sind, kann es manchmal von der Decke herunterfallen. Die ratlosen Arbeiterinnen beginnen dann die Umhüllung aufzunagen.*

*Der Raum in ein Meisennistkasten reicht a bei sehr gutem Gedei eines Volkes der Sächsisch Wespe mit seinen höchsten Wabentellern für eine nor entwickelte Nestgröße a*

178

Bau der Sächsischen Wespe

im Wald und auf Blütendolden in Wiesen. Hornissen suchen nicht nach forstschädlichen Raupen an und zwischen den Zweigen, wie es Wespen im Wald tun. Hornissen sind Freilandflieger und -räuber aller Waldrand- und Wieseninsekten mit Flugmuskulatur, die sie herausnagen und an ihre Larven verfüttern.

Die Hornissenkönigin, ein im Vorjahr befruchtetes Weibchen, beginnt Ende Mai allein den neuen Hornissenstaat zu gründen und vertreibt auf der Suche nach einem passenden Hohlraum auch Singvögel aus Vogelnistkästen, die kampflos Nest und Eier verlassen. Sie bezieht jedoch keinen Nistkasten, in dem sich schon junge Vögel bewegen.

Sobald nämlich im Frühjahr die umherfliegende Hornissenkönigin einen Hohlraum für die Nestanlage – auch Vogelnistkästen – auswählt, begegnet sie dabei so mancher anderer Königin, auf die sie sich sofort stürzt und sich in deren Beine und Fühler zu verbeißen sucht. Jede trachtet im Kampf ihren Stachel zwischen die Hinterleibsringe der anderen zu schieben und das tödliche Gift einzuspritzen. Man kann daher ohne weiteres bis zu einem Dutzend toter Hornissenköniginnen auf dem Boden eines Nistkastens liegend finden. Oben unter dem Nistkastendach beginnt dann die letzte Siegerin mit dem Bau ihrer ersten Wabenzellen. Ihren Durst löschen die Hornissen mit dem austretenden Saft angenagter Laubholzäste.

Zur Zeit der Nistkastenkontrolle im September, wenn die meisten Wespenvölker in den Nistkästen schon abgestorben oder am Absterben sind, befindet sich ein Hornissenstaat auf der Höhe seiner Entwicklung. Vogelnistkästen mit lebenden Hornissenstaaten bleiben unbehelligt. Bei der nächstjährigen Kontrolle werden die ausgedienten Waben ausgeräumt.

**Wespen**: Von den sieben Wespenarten Mitteleuropas, die ihre Waben mit „Wespenpapier" umhüllen, bewohnt nur die Sächsische Wespe *(Dolichovespula saxonica)* Vogelnistkästen, während drei Arten, die Waldwespe *(Dolichovespula sylvestris)*, die Mittlere Wespe *(Dolichovespula media)* und die Norwegische Wespe *(Dolichovespula norvegica)*, frei im Gezweig von Ästen und drei Arten, die Deutsche Wespe *(Vespula germanica)*, die Gemeine Wespe *(Vespula vulgaris)* und die Rote Wespe *(Vespula rufa)*, ihre Nester unter der Erde anlegen.

**Sächsische Wespe** *(Vespula saxonica)*: *Vorkommen:* Am häufigsten in Vogelnistkästen des gleichmäßig luftfeuchten und nicht zu warmen Fichtenwaldrandes; im reinen Laubwald spärlicher; den Kiefernwald so gut wie ganz meidend; auch an Dachbalken von Pflanzgartenhütten und Schuppen, selbst auf Dachböden von Wohnhäusern mit Bauen beginnend, aber wegen zu starker Temperaturschwankungen infolge Sonnenwärme bei Tag und Kühle bei Nacht im Mai/Juni unter Dächern meist wieder eingehend, so dass man dort selten größere, aber viele kleine walnuss- bis apfelgroße verlassene Nester vorfindet, deren Erbauerinnen auch durch Wetterunbilden, verbunden mit häufigem Nahrungsmangel, ein vorzeitiges Ende gefunden haben können. *Nest:* Nur schiefergraue kugelige Nester bauend, die später eine umgekehrte birnenförmige Form annehmen. Das feine Material wird von verwitterten Zaunpfählen, ungestrichenen Hüttenbrettern und geschälten Stangen abgenagt, enthält gelegent-

*Als große Ausnahme bezog eine Königin der „Deutschen Wespe" einen Meisennistkasten, der ihrem an Arbeiterinnen reichen Volk zu klein wurde, so dass es außerhalb d Nistkastens anbaute.*
*Man sieht die vielen kleinen gelben Hülltaschen.*

Nest der Deutschen Wespe

*Von allen Wespenarten baut n[ur] die „Sächsische Wespe" ihre grauweißen, gestreiften Ballo[n]nester in Vogelnistkästen. Nic[ht] alle Nester werden so groß, dass sie den ganzen Nistraum ausfüllen.*

*Eine Baumhummel hat eine [mit] dem Legen beginnende Ko[hl]meise vertrieben und für [die] Gründung ihres Hummelstaa[tes] ein Nektarfass, Pollenteig u[nd] 3 Honigzellen angele[gt].*

## Nestgründung der Baumhummel

lich grünliche (Moos) und rötliche und weißliche (Holzmulm) Streifen, wodurch manche Nester hübsch bunt aussehen. Der Raum in einem Vogelnistkasten reicht auch bei sehr gutem Gedeihen eines Wespenvolkes mit 5 Wabentellern für ein normal entwickeltes Nest aus. Das dünne und biegsame Umhüllungsmaterial ist in 3-12 Schichten um die Waben gelegt und wirkt wärmespeichernd. Die Nestanlage und die Wabenteller mit ihren sechseckigen Zellen entsprechen demselben Bauplan wie bei der Hornisse, sind jedoch kleiner und zarter. *Verhalten:* Im Wald füttern die Sächsischen Wespen ihre Larven fast nur mit Raupen vieler Schmetterlingsarten, allerlei Fliegen, Spinnen und Läusen, weniger mit Nektar und Honig von Blüten an Wegrändern und auf Waldwiesen. Im Herbst ist der Weg zu Wohngebieten mit Obst und anderen Süßigkeiten für sie zu weit. Markierte Wespen finden mitunter trotz guten Orientierungssinn ab 2-3 km Entfernung nicht mehr alle zu ihrem Nest im Wald zurück. Solche Wespen, die im Sommer süße Speisen und Obst bei den Menschen anfliegen, gehören zu den volkstarken Nestern der **Gemeinen Wespe** *(Vespula vulgaris)* und **Deutschen Wespe** *(Vespula germanica)*, die unter der Erdoberfläche an warmen Hängen, an Wiesenrändern oder Komposthaufen angelegt werden. Die Angehörigen dieser Wespenvölker schwärmen jedoch bis zu 5 km aus. Auch der Schaden, den Imker bei ihren Honigbienen durch Wespen erleiden, wird ausschließlich durch die im Erdboden ihre Nester anlegenden Wespenarten verursacht.

Demgegenüber ist die Sächsische Wespe dem Menschen kaum lästig oder schädlich. Man sollte sie daher bei der Nistkastenkontrolle nicht töten und Nester mit noch lebenden Wespen nicht hinauswerfen. Die Nester sind bis zum nächsten Frühjahr so weit zusammengefallen und verrottet, dass ein Vogelpaar ohne weiteres Platz genug hat, auf den Überresten sein Nest zu bauen.

In den Nestern der Sächsischen Wespe kommt als Schmarotzer die **Falsche Kuckuckswespe** *(Dolichovespula adulterina)* vor, die der Sächsischen Wespe zum Verwechseln ähnlich sieht, sie baut kein eigenes Nest und zieht auch keine Arbeiterinnen groß. Sie legt ihre Eier – wie bei den Vögeln der Kuckuck – in die Zellen des Nestes der Sächsischen Wespe und lässt ihre Larven, aus denen nur Männchen und junge Königinnen hervorgehen, von den fremden Arbeiterinnen füttern und betreuen. Die Königinnen (befruchtete Weibchen) der Kuckuckswespe erwachen aus dem Winterschlaf erst einige Wochen später als ihre Wirtswespen, dringen Mitte bis Ende Juni in ein bereits in fortgeschrittener Entwicklung befindliches Nest der Sächsischen Wespe, in dem schon viele Arbeiterinnen und Larven sind, ein und töten die rechtmäßige Königin mit einem Stich zwischen die Hinterleibsringe. Diese Überwältigung bereitet der Kuckuckswespe keine Schwierigkeiten, denn sie ist wesentlich kräftiger und ihr Stachel stärker gekrümmt und länger als derjenige der Sächsischen Wespenkönigin. Alsdann beginnt die neue Königin mit der Ablage ihrer Eier in die bereits vorhandenen Zellen. Die Arbeiterinnen der toten Königin ziehen die Nachkommen der eingedrungenen Königin auf. Die Sächsische Wespenkönigin hat damit keinen Nachwuchs mehr. Bisweilen treten in einem Waldgebiet die Kuckuckswespen so stark auf, dass die Sächsischen Wespen die darauf folgenden Jahre auffallend abnehmen. Bei der Gemeinen und Deutschen Wespe sind in ihren Nestern unter der Erde keine Kuckuckswepsen zu erwarten.

*In einem starken Hummelste (hier Baumhummel) schlüp, auf der Höhe sei Entwicklung von Mitte Aug an keine Arbeiterinnen me sondern nur noch Königinn und Männch*

Aktives Baumhummelnest

Daher sind sie der forstnützlichen Sächsischen Wespe an Zahl stark überlegen. In ihren oft sehr großen Nestern im Erdboden ist jede Königin in der Lage, bis zu 50.000 Eier zu legen. Auf diese Weise kann man sich die vielen Wespen erklären, die im Spätsommer und Herbst süße Früchte und Esswaren der Menschen in Dörfern und Städten aufsuchen, zu einer Zeit, zu der die kleineren Völker der Sächsischen Wespe in den Vogelnistkästen im Wald den Höhepunkt ihrer Volksstärke bereits überschritten haben und am Absterben sind. Nur in besonderen Ausnahmefällen bezieht einmal eine Königin der Deutschen Wespe einen Vogelnistkasten, der ihr aber sehr bald zu klein wird. Sie baut außen an. Ihr Baumaterial ist gelblich und stammt wie bei der Hornisse von morschem Holz modernder Stämme.

*Der oberirdische Hummelnistkasten ist vermehrt in Landwirtschaftskulturen (z.B. Kürbisäckern) im Einsatz, da die Hummeln vor allem am kühleren Vormittag für die Bestäubung sorgen, wogegen die Bienen wärmeabhängiger sind. Der zu öffnende Deckel ermöglicht es, das Hummelvolk bei seinen Brutfortschritten ungestört zu beobachten.*

**Hummeln**: 7 Hummelarten werden des Öfteren in Vogelnistkästen angetroffen: Steinhummel *(Pyrobombus lapidarius)*, Gartenhummel *(Megabombus hortorum)*, Ackerhummel *(Megabombus pascuorum floralis)*, Wiesenhummel *(Pyrobombus pratorum)*, Dunkle Erdhummel *(Bombus terrestris)*, Deichhummel *(Megabombus distinguendus)* und Baumhummel *(Pyrobombus hypnorum)*. *Vorkommen:* In allen Laub-, Nadel- und Mischwäldern, wenn sie nicht allzu weit von honigspendenden Blüten auf Kulturflächen, an Wegrändern und von Wiesen entfernt sind. Im Wald sind Hummeln unentbehrlich für das Bestäuben von Ginster, Lupine, Fingerhut, Heidel- und Preiselbeere sowie der vielen anderen kleinen Schmetterlings- und Lippenblütler. Leider sind Hummelnester nicht mehr so häufig und groß anzutreffen wie während vergangener Jahrzehnte vor der „Bekämpfung" der zahlreichen nahrungsspendenden Blütenpflanzen mit „Unkrautvertilgungsmitteln". Die noch am meisten und volkreichsten vorkommende Hummelart ist die Baumhummel, die zugleich auch die angriffslustigste ist, wenn man ihr Nest stört. *Nest:* Voraussetzung für einen entstehenden Hummelstaat in einem Vogelnistkasten ist, dass zuerst ein Vogel Nistmaterial eingetragen hat, denn die Hummel trägt niemals selbst Moos oder anderes Material ein. Findet im Frühling eine suchende Hummel ein ihr zusagendes Vogelnest, dann vertreibt sie den Vogel, auch wenn schon einige Eier gelegt wurden, indem sie sich in das Nest verkriecht und den zurückkehrenden Vogel durch Summen solange immer wieder erschreckt, bis dieser den Nistkasten endgültig aufgibt. Der vertriebene Vogel beginnt bald darauf in einem noch leeren Nistkasten erneut mit dem Nestbau. Vogelnester mit Jungvögeln meidet die Hummel.

Bei zeitigem Frühjahrsbeginn werden von den Hummeln hauptsächlich im Nadelwald Hauben- und Tannenmeisen schon im April aus ihren Nestern vertrieben, da sie als erste Meisen mit dem Bau ihrer Moosnester beginnen. Selten kommen Hummeln in Gartenrotschwanz-, Trauer- und Halsbandschnäppernestern vor, noch seltener in Nestern des Kleibers und Feldsperlings. Hat die Hummel ein Vogelnest gewählt, so überwölbt sie die Nestmitte, indem sie Moos nach oben drückt, sie überzieht es auf der Innenseite mit einer Wachsschicht gegen Nässe und Kälte. In der darunter entstandenen flachen Mulde formt sie zuerst ein Nektarfass aus Wachs und legt daneben einen Pollenklumpen an, in den sie ihre Eier legt. Nun hat sie im Nektarfass für Regentage ohne

*Im Rotkehlchennest ei Nischenbrüterkastens gründ eine Ackerhummelkönigin ih Staat. Während der N kastenkontrolle Anfang Septe ber war dieser Hummelste noch sehr lebhaft. Er wu unbehelligt gelass*

Ackerhummelnest

Ausflugmöglichkeit Nahrung für sich selbst und Material zur Anfeuchtung des Pollenteiges mit den ersten Hummellarven. Die rasch heranwachsenden, nur Pollen fressenden Larven spinnen sich nebeneinander in einen dünnen Seidenkokon ein, und bald schlüpfen die ersten kleinen Hummelarbeiterinnen. Diese unterstützen die Königin bei allen Arbeiten. Die nächsten Arbeiterinnen sind wesentlich größer als die zuerst geschlüpften. Bis Mitte August kann bei gutem Wetter ein ansehnlicher Hummelstaat entstehen. Der nun auf der Höhe seiner Entwicklung befindliche Hummelstaat zieht nur noch Larven für junge Königinnen und Männchen auf, die bis Ende August oder Anfang September zum Ausschlüpfen und Ausfliegen kommen. Bei Mangel an Pollen und Nektar entstehen im Wald oft nur kleine Hummelstaaten, die schon Anfang August keine Honigzellen und Pollenklumpen mehr haben und eingehen. Sie haben dann meist auch keine jungen Königinnen hervorbringen können.

Ein Vogelnistkasten mit ausreichend Raum für eine Meisenbrut hat auch genügend Platz für jeden großen Hummelstaat, der außer bei der Baumhummel sowieso nicht mehr als 300 Bewohner zählt. Bisweilen findet man einen noch im Aufbau befindlichen Hummelstaat abgestorben und verschimmelt, weil der Nistkasten zu schattig hing und zu wenig Sonnenwärme erhielt, der Hummelstaat unter Nahrungsmangel litt, die Hummelkönigin einging oder zu lang kaltes Regenwetter herrschte. Gesunde, von Wachsmotten nicht befallene Hummelvölker, die bei gutem Wetter in Wiesen- und Kulturflächennähe genügend Pollen und Honig fanden, haben während der Nistkastenkontrolle im September meist noch viele lebhafte Arbeiterinnen, auch Männchen und junge Königinnen und deren Zellen. Aus diesem Grund lässt man solche Hummelnester grundsätzlich weiterhin ungestört im Nistkasten und reinigt diesen erst bei der nächstjährigen Nistkastenkontrolle. Gelegentlich hat ein Vogelpaar auf das alte Hummelnest gebaut und seine Jungen großgezogen.

Wegen ihrer absoluten Nützlichkeit als Blütenbestäuber sind sämtliche Hummelarten durch das Bundesnaturschutzgesetz geschützt. Zu großen Verlusten bei unseren Hummeln und zum Teil auch bei den Honigbienen trägt die Ungarische Silberlinde *(Tilia tomentosa)* bei. Nach der heimischen Sommer- und Winterlinde blüht die Ungarische Silberlinde als letzte Mitte Juli. Ihre Blütenpollen enthalten ein für Hummeln und Bienen tödliches Gift. So findet man unter diesen Linden Hunderte toter Hummeln. Ihre Anpflanzung sollte verboten werden.

**Hummelwachsmotte**, *Aphomia sociella: Vorkommen:* Wo Hummeln in Vogelnestern vorkommen, trifft man im Herbst zur Zeit der Nistkastenkontrolle nicht selten die gelben Raupen der Hummelwachsmotte an, einer Verwandten der Bienenwachsmotte, als Schmarotzer in den Waben der Hummeln. Mitte Juli fliegt der unscheinbar graugrünlich aussehende Mottenschmetterling, angelockt vom Wachsgeruch der Hummelwaben, nachts zum Nistkastenflugloch hinein und legt seine 50-60 Eier in die Wachszellen. Die nach wenigen Tagen schon schlüpfenden winzigen Wachsmottenräupchen sind zitronengelb und werden erst ganz ausgewachsen mehr bräunlich. Die Gefräßigkeit der Wachs-

*Gesundes, aber e⟨ schwächliches V der Baumhummel, das schönem Septemberwetter n⟨ versucht, vor dem Win⟨ verpuppungsreife Lar⟨ zukünftiger Königin⟨ und Männchen zum Schlüp⟨ zu bring*

Baumhummelnest

*Eine präparierte Hummelwachsmotte (Aphomia sociella); die natürliche Flügelspannweite beträgt ca. 20 mm*

mottenraupen ist so groß, dass sie rasch heranwachsen und nicht nur das Wachs der Hummelwaben, sondern auch die Hummellarven, den Pollen und den Honig restlos auffressen; zuletzt auch noch die heimatlos gewordenen und eingegangenen Hummeln. Die älter werdenden Wachsmottenraupen überziehen die Oberfläche des Meisennestes dicht mit silbrig glänzenden Fäden, wobei für die letzten noch lebenden Hummeln nur ein einziges Loch als Ein- und Ausschlupf übrig bleibt. Wenn die Raupen ganz ausgewachsen und verpuppungsreif sind, spinnen sie lockere Fäden im Nistkastenraum nach oben, wo sie sich

*Ist das Hummelnest durch Wachsmottenraupen zerstört, verspinnen sie sich seidig verwoben gemeinsam unter dem Dach eines Vogelnistkastens.*

*Fast ausgewachsene Raupe der Hummelwachsmotte beim Zerfressen eines großen Staates der Baumhummel, Anfang September*

Raupen der Hummelwachsmotte

dicht nebeneinander in äußerst zähe bräunliche Gespinste fest und gut geschützt einhüllen. Erst im Juli des nächsten Jahres schlüpfen die Wachsmottenschmetterlinge. Sie tragen leider zur Vernichtung vieler Hummelstaaten bei. Bei der Nistkastenkontrolle im September wird daher sehr darauf geachtet, dass auch die eingesponnenen Wachsmottenraupen, die oben im Nistkasten sehr zäh festsitzen, mit Spachtel oder Messer aus den Nistkästen entfernt und auf möglichst harter Unterlage mit dem Stiefelabsatz fest zertreten werden, damit es im nächsten Jahr nicht allzu viele Wachsmottenschmetterlinge gibt, welche die ohnehin schon spärlich gewordenen Hummelarten noch weiter verringern.

*Hummelwachsmottenraup überziehen kurz vor ih Verpuppung die Oberfläc des Meisennestes mit silb glänzenden Fäd*

**Mörtelbiene**, *Chalicodoma muraria: Vorkommen:* An sonnigen Waldrändern vereinzelt und spärlich; allein für sich wie Blattschneiderbiene ohne Arbeiterinnen lebend. *Verhalten:* Von Mitte Mai an durchsucht die emsige Biene trockene, möglichst kalkhaltige Plätze wie Steinbrüche, Ritzen in Felswänden, Mauersteinen und Gesimsvorsprüngen, um ihre lehmigen Zellen anbauen zu können. Dabei durchsucht sie auch einmal einen Vogelnistkasten. Findet sie frisch gelegte und noch unbebrütete Vogeleier, so regt sie der Kalk der Eierschalen an, ihre Lehmzellen direkt daran oder daneben anzulegen. Der gestörte Singvogel sucht sich einen anderen Nistkasten für sein Nachgelege. Die Mörtelbiene findet die benötigte geringe Menge Mörtel für ihre Zellen an lehmigen Böschungen, Wegrändern und auf Fahrgeleisen der Waldwege.
Jede weibliche Mörtelbiene baut im Verlauf ihres einsommerigen Lebens an verschiedenen Plätzen 4-6 Lehmzellenhäufchen mit 6-15 Zellen, die aufrecht nebeneinander oder ungeordnet im Vogelnest liegen können.
Beim Entfernen der Vogelnester im Herbst zerbrechen die zarten kaum erbsengroßen länglichen Zellen aus sprödem Lehm ziemlich leicht. Man sieht dann in einer durchsichtigen seidigen Haut die weißen Larven, aus denen im nächsten Frühjahr die neuen Mörtelbienen schlüpfen. Unbeschädigte Zellen werden in den Nistkasten zurückgelegt, und das Innere des Nistkastens wird nicht gegen die Vogelflöhe eingesprüht.

**Blattschneiderbiene**, *Megachile centuncularis: Vorkommen:* In allen Wäldern mit Birken findet man immer wieder einmal während der Nistkastenkontrolle die aus Birkenblattstückchen kunstvoll gefertigten grünen „Zigarren" der Blattschneiderbiene zwischen Nistkastenwand und dem Moos der Meisennester stecken. Die scheue Biene, die allein für sich lebt, erscheint erst Ende Juni nach dem Ausfliegen der ersten Meisenbruten und wird im Herbst während der Nistkastenkontrolle nicht mehr angetroffen, denn bereits Mitte August hat sie ihre Lebensaufgabe vollbracht und staunenswert haltbare Gebilde geschaffen, die einer rauen Zigarre gleichen. In jeder der Zellen in der „Zigarre" schlummert eine ausgewachsene weiße Larve, die sich den Sommer über von genau ausreichend beigegebenen Blütenpollen ernährt. Aus den Zellen schlüpfen erst im Frühjahr des nächsten Jahres junge Blattschneiderbienen. Nach Entnahme des Vogelnestes im Herbst sollen die „Zigarren" vorsichtig wieder in die Nistkästen gelegt werden, um die seltene und harmlose Biene der Natur zu erhalten. In solchen Fällen soll der Nistkasten nach der Entnahme des Vogelnestes nicht gegen Vogelflöhe eingesprüht werden.

*Den letzten noch leben Hummeln las die Wachsmottenrau nur noch ein einzi Einschlupfloch üb*

Gespinnste der Hummelwachsmottenraupe

**Honigbiene,** *Apis mellifica:* Die Honigbiene ist vielen Forstbeamten und Waldfacharbeitern vertraut, weil so mancher von ihnen selbst Bienenzüchter ist. Im Sommer zur Schwarmzeit fliegen immer wieder Königinnen mit ihrem mehr oder weniger großen Anhang von Arbeiterinnen dem Wald zu und suchen einen Hohlraum als neue Heimat. Daher findet man sie in Schwarzspechthöhlen alter Buchen oder Kiefern, auch in Holznistkästen für Hohltauben, besonders gern, wenn darin zuerst der Kleiber wohnte und das 85 mm große Flugloch bis auf seinen benötigten Einschlupf von 28/29 mm mit Lehm zuklebte. Ebenso oft, wenn nicht öfter, beziehen kleine Bienenschwärme rechteckige Vogelnistkästen mit ausreichend Brutraum für Meisenfamilien (Brutraumbodenfläche 14 x 19 cm). Doch der Raum für die Entwicklung eines lebensfähigen Bienenvolkes wird im Vogelnistkasten im Spätsommer zu eng, besonders wenn sich auch noch ein Vogelnest darin befindet. So manches Bienenvolk entschließt sich dann, rechtzeitig vor der Herbstkälte auszuziehen und hinterlässt die leeren Waben. Manche der kleinen Völker halten jedoch aus, können dann aber keine wärmehaltende Wintertraube bilden, so dass sie bei Einsetzen der Herbst- und Frühwinterkälte erstarren und absterben. Man findet dann die toten Bienen in Vogelnistkästen unter ihren Waben liegen. Rechtzeitig aus Vogelnistkästen in einen Bienenstand geholte Völker oder auch nur die Königinnen für weisellose Völker entwickeln sich bisweilen sehr gut und bleiben lebensfähig. „Wilde Honigbienen", die es noch im Mittelalter zur Zeit der „Zeidlerzunft" in hohlen Bäumen gab, kommen in der Natur nicht mehr vor.

**Schwammspinner,** *Lymantria dispar:* Die Raupen suchen gelegentlich in Eichen-Hainbuchenwäldern Mitte Juli das Innere von Nistkästen als geschützten Platz zur meist letzten Häutung auf; auch Ende Juli trifft man sie zur Verpuppung an. In der 2. Augusthälfte schlüpfen dann die schwerfälligen, fast flugunfähigen Weibchen und legen gleich im Nistkasten oder an einem Baumstamm bis zu 800 Eier ab, welche sie mit ihren braun glänzenden Hinterleibshaaren flach oval zudecken, was einem kleinen Baumschwamm nicht unähnlich sieht, daher der Name „Schwamm"-Spinner.

**Nonnenraupe,** *Lymantria monacha:* Sucht gleich der Schwammspinnerraupe ebenfalls Vogelnistkästen auf, doch ihre schwarzweißen Schmetterlinge verlassen nach dem Schlüpfen Anfang August die Vogelnistkästen, in denen man nur die leeren kupferviolett glänzenden Puppenhüllen an der Seitenwand hängend findet. Das Nonnenweibchen legt bis zu 200 Eier in Klümpchen unter die rauen Schuppen der Fichtenborke.

*Nach dem Ausfliegen ei*
*Kohlmeisenbrut bezog im J*
*ein schwärmendes Bienenv*
*einen Nistkasten, es starb*
*den ersten Herbstfrösten*

Honigbienenwaben

**Pyramideneule**, *Amphipyra pyramidea*: Die Pyramideneule ist mit angelegten Vorderflügeln (Ruhestellung) ein unscheinbarer Eulenschmetterling von bräunlicher Farbe mit Querstreifenmuster und Schnörkeln zur Tarnung an Rinde und auf Laub. Die Hinterflügel dagegen sind von gleichmäßig leuchtend rotbrauner Farbe, die der Schmetterling nur fliegend zeigt. Den Namen „Pyramideneule" hat der Schmetterling von seiner matt hellgrünen und mit weißer Rückenlinie und Punkten gezierten Raupe, welche am 11. von ihren 13 Leibringen einen pyramidenartigen Höcker mit roter Spitze besitzt. Überall in Mitteleuropa auf Laubbäumen und Sträuchern des Waldes kommt sie vor. Der Schmetterling fliegt nachts von Juli bis Anfang Oktober und sucht Nektar an Waldrandblumen. Er findet erstaunlich häufig und sicher gegen Morgen in die Fluglöcher der Vogelnistkästen hinein, um darin zu übertagen. So ist er in manchen Jahren während der Nistkastenkontrolle der am zahlreichsten – auch in Gruppen – in Nistkästen angetroffene Schmetterling. Nach Wegnahme der Vorderwand des Nistkastens fliegt er rasch schräg nach unten, um sich im Gras und Laub zu verstecken.

**Der „Große Fuchs"**, *Nymphalis polychloros:* Ein schöner Tagschmetterling, übernachtet im Auwald hie und da im Sommer auch einmal in einem Vogelnistkasten.

*Einzelne Blattschneiderbiene bauen in Vogelnistkästen ihre aus rundlichen Blattstücken g formten Larvenzellen.*

*Eine Mörtelbiene vertrieb e Weidenmeise, die erst 4 E gelegt hatte, und klebte i Lehmzellen an die frischen E Auf dem Nest lag ein to Pyramideneulenschmetterli*

Mörtelbienenbau in Weidenmeisennest

**Ameisen**, *Lasius niger* und *Lasius flavus:* Nicht oft, aber immer wieder einmal, kommen in Vogelnistkästen auch die kleinen, jedermann bekannten schwarz glänzenden, hellgelben oder gelbbraunen Weg- und Rasenameisen vor, besonders wenn der Erdboden darunter und in der Umgebung begrast und sonnig warm ist. Die Ameisen zernagen das Nistmaterial des Vogelnestes, auch wenn es schon Eier enthält, legen ihre eigenen Eier darin ab und ziehen ihre Nachkommenschaft im Vogelnistkasten auf. Die Rote Waldameise, welche die großen Nadelhaufen bildet, lässt sich jedoch nie in hängenden Vogelnistkästen nieder, selten in abgestürzten.

Eine weitere Ameisenart, die **„Sklavenameise"**, *Formica fusca*, zieht der Verwesungsgeruch toter Vögel an, die sie dann bis zum Skelett abnagt.

*„Sklavenameisen" zog der Verwesungsgeruch einer Brut toter Blaumeisen an, woraufh sie den Baum hochkletterten und im Nistkasten die toten Jungvögel abzunagen begannen.*

*In diesem Nistkasten wurd die eingegangene Bla meisenbrut, eine Schwan spinnerpuppe samt Raupenh sowie ein übernachtene Großer Fuchs-Schmetterl gefunden. Oben im B liegt ein Vorderflügel eines v einer Fledermaus verzehr Großen Fuchs-Schmetterlin*

## Großer Fuchsfalter im Blaumeisennest

# Störenfriede und Feinde der in Nistkästen wohnenden Singvögel

Durch **Störenfriede** werden Vogelbrutpaare aus Nistkästen vertrieben, aber nicht getötet. Zu den häufigsten lästigen Nestbesuchern zählen mehrere Stechimmenarten, blutsaugende Parasiten und einige Schneckenarten. Singvögel die vertrieben werden, suchen sich eine neue Nist- und Brutgelegenheit. Durch Störenfriede können Gelege und das Schlüpfen und Gedeihen von Jungvögeln verhindert werden. Außerdem können Jungvögel durch Maden der Blutfliegen in ihrer Entwicklung verlangsamt werden, fliegen aber dennoch aus. Bei zu vielen Flöhen als Blutsauger sterben mitunter einzelne kleine Jungvögel.

Durch **Feinde** – insbesondere beutegreifende Säugetiere und Vögel - können sowohl Altvögel im Nistkasten getötet und samt Eiern oder Jungen gefressen werden als auch außerhalb des Nistkastens einschließlich ausgeflogener Jungvögel weggefangen, getötet und gefressen werden.

**Wespen:** An warmen Sonnentagen im April kommt es vor, dass suchende Wespenköniginnen nach beendetem Winterschlaf aus ihren Verstecken kommend Meisen aus ihren Nistkästen vertreiben, bevor das erste Meisenei in das Tage zuvor gebaute Nest gelegt wurde. Bisweilen sind aber auch schon einige Eier gelegt, doch die Meise verlässt ihr Nest samt Eiern, denn oben unter dem Dach des Nistkastens entsteht ein kleines Wespennest, das immer größer wird. Das Meisenweibchen beginnt in einem noch leeren Nistkasten in der Nähe ein neues Nest zu bauen, legt erneut, brütet und zieht seine Jungen auf.

**Hummeln:** Zur gleichen Zeit wie die Wespen suchen bei sonnigem warmem Wetter auch Hummelköniginnen nach einem geeigneten Platz für die Anlage ihres künftigen Hummelstaates. Beim Aufsuchen eines Vogelnistkastens ist ihnen das Vorfinden von Moos eine Vorraussetzung, um darin ihre Zellen einzubetten. Die frühzeitig im April nestbauenden Hauben- und Sumpfmeisen, teils auch Tannenmeisen, werden meist zuerst vertrieben, später auch Kohlmeisen. Die durch Hummeln vertriebenen Meisen bauen schon nach wenigen Tagen neue Nester in bis dahin noch leere Nistkästen.

**Hornissen** *(Vespa grabro)*: Erst in der zweiten Maihälfte erscheinen Hornissenköniginnen in Vogelnistkästen. Sie wollen möglichst leere und geräumige Nistkästen für ihren umfangreichen Wabenbau beziehen. Befindet sich bereits ein Vogelnest im Nistkasten, so sind die Hornissen trotz ihrer starken und scharfen Mundwerkzeuge nicht befähigt, das Vogelnest zu zerkleinern und die Teilstücke hinauszutragen, wie das die Wespen können.

**Honigbienen** *(Apis mellifica)*: Erst von Mitte Juni an beziehen schwärmende Honigbienen da und dort Vogelnistkästen, aus denen die Vogelbruten schon ausgeflogen sind. Zum Hinaustragen der Vogelnestteile sind sie ebenso wenig befähigt wie die Hornissen.

**Mörtelbienen** (Gattung: *Chalicodoma*): Die einzeln lebende unscheinbare Mörtelbiene sucht für die Anlehnung ihrer Lehmzellen an wettergeschützten

*Bei starkem Flohbefall ka*
*den Jungmeisen so v*
*Blut entzogen werden, dass*
*nacheinander sterbe*

Starker Befall mit Vogelflöhen

Stellen auch in Vogelnistkästen gelegentlich einmal die Kalkschalen frischer Eier auf und vertreibt damit den Singvogel von seinen Eiern.

**Blattschneiderbienen** (Gattung: *Megachile*): Erst gegen Mitte Juni, wenn die Birkenblätter ausgewachsen sind und es viele Blütenpollen gibt, suchen Blattschneiderbienen für ihre Zigarren ähnlichen Gebilde Halt an der Seite eines Meisennestes im Vogelnistkasten.

**Vogelflöhe** (z.B. mehrere Arten der Gattung *Ceratophyllus*): Wenn sehr viele Vogelflöhe in einem Meisennest vorkommen, dann können sie nicht nur Altvögel vom Gelege vertreiben, sondern auch an frisch geschlüpften und 2-3 Tage alten Jungen so stark Blut saugen, dass diese, sich ständig krümmend, nacheinander langsam eingehen. Einige Vogelflohartensind auf eine Vogelgattung oder -art spezialisiert (z.B. *Ceratophyllus rusticus* hauptsächlich auf die Rauchschwalbe).

**Vogelblutfliegen** (Gattung: *Protocalliphora*): Erst einige Tage nach dem Schlüpfen junger Singvögel, vorwiegend Kohl- und Blaumeisen, legen Vogelblutfliegen ihre Eier ins warme Nest zu den Jungvögeln. Die nach wenigen

Die Vogelblutfliege (*Protocalphora azurea*) befällt vor alle Nester von Meisen. Nach den Ausfliegen der Jungen bleibe wollige Knäuel übrig, in dere Inneren sich die Tönnchen de Vogelblutfliege befinden, aus denen schließlich während de Sommers die erwachsenen Fliegen schlüpfen. Einige der Tönnchen sind von Schlupfwespen befallen (Abbildung ganz unten), die die Übervermehrung der Vogelblutflie regulieren.

Graue Wegschnecken könn bei Regen auch hochrage Buchenstämme erklettern u gelangen so in Vogelnistkäst wo sie Vogeleier schlein überziehen bzw. anfressen. empfiehlt sich daher Mischwäldern Rot- u Hainbuchen nicht Nistkästen zu behäng

# Graue Wegschnecken erreichen Gelege auf Buchen

Tagen schlüpfenden Maden sind reine Blutsauger und entnehmen den Jungvögeln immer nur so viel Blut, dass diese nicht sterben. Bis zu 9 Blutfliegenmaden je Vogeljunges wurden in Kohl- und Blaumeisennestern gezählt. Die Jungvögel flogen alle mit 3 bis 5 Tagen Verspätung wegen langsamerer Entwicklung aus.

**Vogelmilben** sind für die Vogelbrut durch geringen Blutentzug nicht tödlich, selbst wenn sie gehäuft vorkommen.

**Wegschnecken** der Gattung *Arion* kriechen bei anhaltend nasser Witterung an Waldbäumen hoch, vorwiegend an Buchen, und dringen dann auch in Vogelnistkästen ein, wo sie über Vogelgelege und kleine Jungvögel hinwegkriechen und ihre silbrige Schleimspur sowie Kot hinterlassen. Da sie auch Eier an- und ausfressen und sich länger in dem Vogelnest aufhalten können, verlassen die Altvögel Eier und Junge.

**Gegenseitiges Stören** von Vogelarten durch Kampf und Eroberung des Nistkastens für eigene Brutzwecke kommt öfter vor.
Am rücksichtslosesten vertreibt der Wendehals alle kleineren Singvögel unter Starengröße aus einer Vielzahl von Nistkästen im engeren Bereich und wirft ihre Nester samt Eiern und Jungen hinaus, um seinem Weibchen Nistplatzauswahl anzubieten. Selbst der wehrhafte Kleiber muss vor ihm weichen, der andererseits alle Meisenarten, Trauerschnäpper und Gartenrotschwänze vertreiben kann, wenn er für ein Nachgelege einen Nistkasten plötzlich beansprucht, weil ihm z. B. ein Buntspecht das Gelege aus der Übernachtungshöhle in einem Baum hinauswarf. Unter den Meisen ist die Kohlmeise die stärkste und kann die 5 kleineren Meisenarten vertreiben, falls deren Nistkasten nicht durch ein kleines rundes Flugloch von genau 27 mm Durchmesser gegen die größere Kohlmeise geschützt ist.
Feldsperling und Kohlmeise befinden sich an der Grenze zwischen Störenfried und Feind, wenn z. B. der Feldsperling einen Trauerschnäpper oder eine Blaumeise aus einem Nistkasten vertreiben will und dabei durch zangenartigen Kopfbiss in Augennähe seinen Konkurrenten tötet. Von der brütenden Kohlmeise ist das Töten von meist männlichen Trauerschnäppern bekannt, die den Nistkasten bebalzten und einschlüpften.
Haselmaus und Waldmaus können in Vogelnistkästen sowohl mit rundem Flugloch von 27 mm Durchmesser als auch mit ovalem Flugloch von 3 x 4,5 cm eindringen, die Vogelgelege auslecken und kleine Junge annagen (Haselmaus) oder ganz fressen (Waldmaus und Gelbhalsmaus).

## Feinde

Einst fanden im Urwald nistende Vögel überall gut versteckte Nistmöglichkeiten für die Aufzucht ihrer Jungen. Jetzt im Wirtschaftswald mit fast nur noch gesunden jüngeren Stämmen werden den Vögeln künstliche Nistgelegenheiten angeboten, die sichtbar an den Stämmen angehängt werden müssen. Die Singvogelfeinde **Marder**, **Eichhorn** und **Buntspecht** sehen und finden sie leicht. Dazu hängen die Nistkästen oft auch noch reihenweise die Waldwege entlang. Die Schäden der genannten drei Vogelfeinde an den Vogelbruten in Holznist-

*Wiesel erklettern Bäume*
*Vogelnistkästen und lauern*
*ein- und ausfliegende Vög*
*Hier wurde ein Männchen ein*
*Gartenrotschwanzes be*
*Füttern seiner zweiten B*
*erhasc*

Wiesel mit erbeutetem Gartenrotschwanz

geräten sind gravierend und reduzieren sich nur beim Aushängen von Vogelnistkästen aus hartem Holzbeton, die marder-, eichhorn- und spechtsicher konstruiert sind. Seit ihrer Verwendung fallen diese drei Tierarten als Feinde nistkastenbrütender Singvögel weg. Für die Jungen der freibrütenden Vogelarten wie Drosseln, Finken, Grasmücken, Laubsänger und noch weiterer Arten sind sie Feinde geblieben. Dazu kommen:

**Das Große Wiesel**, *Mustela erminea* (im weißen Winterkleid Hermelin genannt) ist in den letzten Jahrzehnten häufiger geworden. Es hält sich gern entlang sonniger Waldränder mit reichlich Laubholz in Feldnähe auf und wirft seine 4-7 Jungen im Mai/Juni nicht nur in größeren Steinhaufen, sondern auch in dem warmen, mit trockenem Gras ausgepolsterten Kessel eines Maulwurfs unter der Erde. Auf der Suche nach Nahrung klettert das ca. 35 cm lange schlanke, rotbraune Wiesel rauborkige Waldbäume empor und schlüpft dabei auch in Vogelnistkästen mit ovalem und größerem Flugloch. Befinden sich darin Jungvögel, so beißt es alle tot und zieht sie aus der Nestmulde, um sie nacheinander zum Verfüttern an seine Jungen zu holen. Es kommt dann vor, dass man im Herbst bei der Kontrolle den Verlust der Brut gar nicht mehr feststellen kann, weil das Nest selbst unbeschädigt blieb. Findet man jedoch Flügel und Beine eines Altvogels, so hat ein hungriges Wiesel den Vogel sogleich im Nistkasten bis auf diese Überreste gefressen. Das Große Wiesel kann 8-10 Jahre alt werden. Wenn es einmal gelernt hat, aus Vogelnistkästen Beute zu holen, versucht es das immer wieder.

**Mauswiesel**, (Kleines Wiesel), *Mustela nivalis*: Kleine Ausgabe des Großen Wiesels, ca. 1/2 so groß; es bleibt aber das ganze Jahr über auf dem Rücken rotbraun gefärbt. In seiner Lebensweise gleicht es dem Großen Wiesel. Es schlüpft aber noch durch 21 mm weite Mausgänge, so dass auch Erd-, Feld-, Wald- und Rötelmäuse seine Beute werden. Dementsprechend kann es auch in Nistkästen mit kleinsten Eingangslöchern eindringen.

*Der Eichelhäher beobachtet genau, wann und wo Jungvög ausfliegen; hier hat er eine junge Kohlmeise ergriffen.*

**Der Eichelhäher**, *Garrulus glandarius,* ist der häufigste Feind aller jungen Singvögel des Waldes, sowohl der im Gebüsch, auf Bäumen und dem Waldboden ihre Jungen aufziehenden Vogelarten als auch der aus Nistkästen ausfliegenden Jungvögel. Infolge seiner Häufigkeit, Schlauheit, seines hervorragenden Auges und Ohres sowie seines unermüdlichen Suchens, richtet der Eichelhäher von Mai bis August unter den jungen Singvögeln des Waldes den größten Schaden aller Singvogelfeinde an. Es gelingt ihm zwar nicht, alte Singvögel ohne weiteres zu fangen, doch er besitzt einen teuflischen Spürsinn, nahezu alle Nester der freibrütenden Singvögel auf Bäumen und im Gezweig (Buchfink, Goldhähnchen, Schwanzmeise, sämtliche Drosselarten), im Gebüsch (Grasmücken, Heckenbraunellen, Goldammern) sowie am Waldboden (Laubsänger, Rotkehlchen, Baumpieper) zu finden und auszurauben. In der Umgebung seines eigenen Nestes kennt der Eichelhäher bis zu einer Entfernung von 5 km auch alle Vogelnistkästen. Geschäftig hüpft er tagtäglich in der Nähe durch Bäume und Sträucher und tut so, als beachte er die Vogelnistkästen nicht. Nebenbei aber hört er ganz genau am Piepsen der Jungvögel in den Nistkästen, wie weit sie sich entwickelt haben und ermisst, wann sie ausfliegen

*Der kecke Eichelhä lauert sogar bei natürlic Spechthöhlen auf ausflugbereiten Jungspec während die Spechtelt auf Nahrungssuche s (Foto: R. Le*

Vogelfeind Eichelhäher

werden. Dann ist er mit Eifer zur Stelle und lässt sich durch das Angstgeschrei und Umherflattern der Singvogeleltern nicht davon abhalten, jeden der noch unbeholfen nacheinander ausfliegenden Jungvögel zu erhaschen und zerkleinert an seine eigenen 5-6 Jungen zu verfüttern. Die ausfliegenden jungen Singvögel haben in lichten unterholzarmen oder gar gänzlich unterholzfreien Nadelholzbeständen, hauptsächlich Kiefern auf Sandböden, keine Möglichkeit, durch irgendwelchen Schutz der Umgebung vom Eichelhäher nicht entdeckt zu werden, um ihr kleines Leben retten zu können. Diese bedauerliche Tatsache hat leider zur Folge, dass die zu zahlreich gewordenen Eichelhäher regional bis 80% des aus Nistkästen ausfliegenden Singvogelnachwuchses vernichten. In solchen Revieren kann man feststellen, dass es zur Vorbeugung gegen eine Schadinsektenvermehrung immer weniger dieser nützlichen Singvögel gibt und zunehmend mehr Nistkästen leer bleiben.

*Starenkästen mit einer Fluglochweite von 46 mm sollen mit einem vorgezogenen Marderschutz (hier Typ Schwegler 3SV) versehen sein*

Demgegenüber fliegen die 4-6 Jungen des Eichelhähers alljährlich in den stillen, gleichaltrigen, dichten Stangenhölzern (kein Nistplatzmangel!) wohlbehalten, gut genährt und ungestört von ihren Feinden aus und tragen Jahr für Jahr zur weiteren Vermehrung ihrer Sippe bei. Würde es nicht so sein, dann gäbe es nicht in allen Wäldern im großen Durchschnitt schon auf 10-15 ha Waldbestand mindestens ein Eichelhäherbrutpaar. Doch selbst bei nur einem Paar auf 400 bis 500 ha Wald wäre der Schaden an den Singvogelbruten immer noch erheblich und spürbar. Ein gutes Gedeihen der Waldsingvögel ist aber weitgehend auch von einem nicht zu häufigen Vorkommen des Eichelhähers abhängig. An einem einmal gewählten Brutrevier hält der Eichelhäher die 15-18 Jahre seines Lebens fest.

Der Eichelhäher legt es eindeutig darauf an, jedes Jahr seine 4-6 Jungen im Mai/Juni möglichst nur mit Vogeleiern und dem Fleisch junger Singvögel großzuziehen. Betroffen sind Singdrosseln, Misteldrosseln, Amseln, Buchfinken, Garten- und Mönchsgrasmücken, Heckenbraunellen, Goldammern, Sommer- und Wintergoldhähnchen, Zaunkönige, Baumpieper, Wald- und Weidenlaubsänger sowie Rotkehlchen. Vielerorts hat sich die Eichelhäherdichte von einem Brutpaar je 800 ha auf je eins auf 10-15 ha erhöht. Der Eichelhäher lauert sogar an natürlichen Spechthöhlen auf junge Spechte, die nach ihren futterbringenden Eltern Ausschau halten wollen. Von seinen Mahlzeiten lässt er keine verräterischen Überreste liegen. Nur beim Hirschkäfer, *Lucanus cervus,* im Eichenwald ist ihm der Chitinpanzer doch zu hart, weshalb der Eichelhäher nur den Hinterleib ausfrisst und den Rest liegen lässt.

Mit großer Anpassungsfähigkeit stellt sich der Eichelhäher auf jede jahreszeitlich vorkommende Nahrungsquelle ein und schöpft sie restlos aus. Geht die Ernährung seiner Jungen mit kleinen Singvögeln gegen den Sommer hin zu Ende, dann plündern die zusammengescharten Eichelhähertrupps die Kirschbäume, den milchreifen Weizen und Mais. Es folgen dem Herbst zu der Waldstaudenroggen, alle Obstsorten und zuletzt die Nüsse. Von Mitte September an verschleppen die Eichelhäher während der Reifezeit von Eicheln und Bucheckern, diese auch als Wildfutter wertvollen Waldsamen, wochenlang massenhaft unermüdlich von morgens bis abends von den Bäumen und vom Waldboden kilometerweit fort und verstecken sie irgendwo im Boden an Stellen, wo sie nicht hingehören und wo sie meist nicht gedeihen können (z. B. Sandboden). Mit dem Beginn der winterlichen Wildfütterung kehren die Häher in den Wald

## Kohlmeise tötet Trauerschnäpper

*Ein Kohlmeisenpaar hat im Konkurrenzkampf um den Nistkasten einen männlichen Trauerschnäpper getötet. Das Kohlmeisenweibchen brütet auf ihrem Gelege weiter.*

zurück und finden an den Futterkrippen des Schalenwildes, ebenso wie an Rebhuhn- und Fasanenschütten, den Tisch reichlich gut gedeckt. Hier bleiben sie und sind den ganzen Winter über hartnäckige Stammgäste, besonders wenn Mais und Weizen mitverfüttert werden. Sie fliegen den ganzen Tag ständig zu und ab und tragen rasch und eifrig viel Futter im Kehlsack fort, das sie wie Eicheln und Bucheckern weit weg im Waldboden verstecken.

Nach dem Eichelhäher ist der **Sperber** (*Accipiter nisus*) ein bedeutender Feind aller Singvögel. Er ist zwar nicht so häufig wie der Eichelhäher und sucht auch nicht so eifrig nach allen Jungen der einzelnen Vogelbruten, dafür fängt er außer Jungvögeln viele alte Singvögel weg, auch während der Aufzucht ihrer Jungen. Hieraus erklären sich die Furcht und der Schrecken der Singvögel beim blitzschnellen Erscheinen eines Sperbers.
**Siebenschläfer**, **Gartenschläfer**, **Baumschläfer** und **Gelbhalsmaus** überfallen in Nistkästen angetroffene Singvögel, töten und verzehren sie. Ihr Schaden ist sehr unterschiedlich und keineswegs allgemein. Der Siebenschläfer wird z. B. erst schädlich, wenn er sich stärker vermehrt und eine größere Anzahl Nistkästen als Wohnstätte zu besetzen beginnt. Hierzu neigt er jedoch sehr. Der Gartenschläfer vermehrt sich nicht so schnell und stark wie der Siebenschläfer, will aber dagegen die Vogelnistkästen nicht nur als Wohnstätten und zur Jungenaufzucht, sonder sucht sie direkt, um sie auszuräubern. Hierbei schreckt der Gartenschläfer nicht einmal vor der Größe von Hohltauben- und Spechtjungen zurück. Das Vorkommen von wenigen Gartenschläfern ist für den Vogelschützer nicht aufregend. Der Baumschläfer ist sehr selten, dazu kaum größer als eine Haselmaus. Von einem Schaden kann man nicht sprechen. Wer ein kleines Baumschläfervorkommen weiß, soll sich darüber freuen, für sich behalten und die Tiere möglichst in Ruhe lassen. Die Gelbhalsmaus kann sich, wohl aus Witterungs-, nicht aus Nahrungsgründen, plötzlich sehr rasch vermehren und dann an Forstkulturen starke Nageschäden verursachen. Gleichzeitig besetzt sie viele Vogelnistkästen, wenn solche im forstlichen Schadgebiet aufgehängt sind. Hierdurch lässt sich der Bestand der Gelbhalsmäuse leicht regulieren. Einen Schutz der Nistkästen vor den genannten 4 Tierarten gibt es nicht, da sie durch sämtliche Fluglochgrößen eindringen können.
**Raben-** und **Nebelkrähen**, **Elstern**, **Eulen**, **Katzen**, **Fuchs**, **Großes Wiesel** (Hermelin) und **Zwergwiesel** erhaschen „bei Gelegenheit" Singvögel, doch sie sind keine ausgesprochenen „Nur Vogeljäger" im Wald. Ihre Hauptnahrung besteht vorwiegend aus Mäusen, und bei Krähen und Elstern auch aus pflanzlicher Nahrung der offenen Landschaft. Elstern suchen jedoch gleich dem Eichelhäher intensiv und anhaltend nach Vogelgelegen und Jungvögeln in der baum- und strauchbestandenen freien Flur, den Bächen entlang und am Waldrand, ebenso in Parks und Gärten, besonders gleich nach Tagesanbruch ohne Störung durch Menschen. Raben- und Nebelkrähen, Elstern, auch die Wiesel meiden den geschlossenen Waldbestand zur Nahrungssuche. Ihr Schaden an den Singvögeln des Waldes bleibt daher immer weit hinter dem von Eichelhäher, Sperber und Eichhorn zurück. Waldkauz und Waldohreule dagegen sind Waldbewohner und weisen von allen Eulen die meiste Singvogelnahrung auf.

*In Nistkästen tot vorgefunde Singvögel: Die beiden obe Reihen sind Halsbar und Trauerschnäpper, die v Feldsperlingen du Schnabelhiebe getötet wurd Der Feldsperling zerbeißt Schädelknochen über d Auge. In der unteren Reihe s je ein Trauerschnäppe eine Kohl- und eine Blaume die durch Legenot eingegan si*

In Nistkästen gefundene tote Vögel

# Jährliche Reinigung und Nistkastenkontrolle

## NOTWENDIGKEIT UND TERMIN

In der 2. Septemberwoche beginnt die jährliche Nistkastenkontrolle im Wald. Jeder Nistkasten ist zu öffnen und vom Inhalt zu säubern. Alles außer Fledermäuse und noch lebhaft fliegende Hummelstaaten sowie Zellengebilde von Blattschneider- und Mörtelbienen wird entfernt. Die 2. Septemberwoche als Reinigungsbeginn ist sinnvoll, weil die jungen Fledermäuse im allgemeinen vorher noch nicht flugfähig sind.

Jeder Nistkasten wird auf weitere Haltbarkeit und gute Befestigung überprüft. Man kann von einem Holzbetonnistkasten erwarten, dass er eine Lebensdauer von 25-30 Jahren, ein Holzkasten eine von 8-18 Jahren hat.
In der 2. Septemberwoche sind die leeren Vogelnester meist noch gut erhalten und trocken und daher leichter zuordenbar. Das Wetter soll warm, trocken und windstill sein. Die Waldfacharbeiter haben vor dem herbstlichen Holzeinschlag noch Zeit für die Nistkastenkontrolle. Die dem Revier den Winter über treu bleibenden Kohl- und Blaumeisen sowie Kleiber und Feldsperling, können windgeschützt in sauber gereinigten und flohfreien Kästen nächtigen.

**Nummerierung und Kontrolle von Vogelnistkästen im Wald**
Jeder Vogelnistkasten, der im Wald langfristig kontrolliert werden soll, muss eine Nummer erhalten. Diese Nummer wird bei den Holzbetonnistkästen mit weißer Ölfarbe auf die herausnehmbare Vorderwand außen groß und gut sichtbar mit einer Schablone oder mit der Hand aufgemalt. An den Seitenwänden oder auf der Unterseite würde die Nummer im Lauf der Jahre schneller unleserlich werden als auf der Vorderwand unter dem schützenden Fluglochvorbau.
In Versuchsrevieren gibt es Tausende von Holzbetonnistkästen, deren weiße Nummern seit mindestens 24 Jahren halten und einwandfrei lesbar sind. Die weiße Ölfarbe darf weder zu flüssig noch zu trocken aufgetragen werden, da sie sonst entweder abläuft oder schon während der ersten Jahre abblättert. Eine Nummerierung mit Fettkreide wird schon nach einem, spätestens zwei Jahren unleserlich, muss nachgezogen werden und bringt Zeitverlust während der Nistkastenkontrolle mit sich.

## TEILNAHME AN DER KONTROLLE

**Die jährliche Reinigung:** Alle Nistkastentypen sollten im Herbst gereinigt werden, das heißt, die Nestmaterialien werden herausgenommen und vergraben, damit der Parasitenbefall gering gehalten wird. Besonders stark verschmutzte Nistkästen sollten mit Bürste und Wasser gereinigt werden. Von Spechten aufgehackte Stellen bzw. Einfluglöcher werden mit Blechstücken abgedeckt.

## Nistkastenkontrolle mit Schülern

*Die herbstliche Nistkasten-Reinigung kann genutzt werden, interessierten Kindern und naturbegeisterten Erwachsenen Einblicke in das Innenleben von Nistkästen zu ermöglichen.*

*Grundkurse für Nistkastenbetreuer (einschließlich Kontrolle und Reinigung) werden von fachkundigen Naturschützer/innen für Schulklassen und interessierte Gartenbesitzer angeboten (Foto: J. Gepp).*

Der Revierleiter wählt zwei bis drei Waldfacharbeiter aus, die das meiste Interesse für die Vogelschutzarbeit bekunden. Dem in der Ausbildung befindlichen Nachwuchs sollte immer Gelegenheit gegeben werden, an solchen Kontrollen teilzunehmen. Wo zwischen Forstbeamten und der örtlichen Schulleitung der erwünschte Einklang besteht, wäre es erfreulich und lehrreich, wenn Schülern die Notwendigkeit der Singvogelansiedlung an Hand einer praktisch vorgeführten Nistkastenkontrollstunde erklärt wird. Lehrern und Schülern kann bei dieser Gelegenheit im Wald auch ein kurzer Vortrag über andere forstlich wichtige Fragen gehalten werden. Mehr als 30 Schüler werden besser auf 2 Gruppen oder 2 Tage verteilt. Interessierte Ornithologen, die den Forstverantwortlichen bekannt sind, sollte man ein zeitweiliges Mitgehen gestatten, um Einblick in vernetzte Zusammenhänge zu ermöglichen bzw. um auf gefährdete Artenvorkommen hinzuweisen.

## Hilfsgeräte

Für kontrollierende Einzelpersonen, die weite Anmarschwege zurücklegen müssen, eignet sich eine zweifach klappbare Metalleiter. Erfahrene Nistkastenkontrolleure bevorzugen zwei starre und stabile Aluminiumleitern von je 4-5 m Länge; sie sind auch leichter als Holzleitern. Die oberste Sprosse der starren Leiter soll durch einen Bügel oder mehrfach gewundenen Draht ersetzt werden, der sich an schwächere Stammrundungen anschmiegt. Die Leiter soll nicht mehr als 6-7 kg wiegen. Im Rucksack oder besser in einem seitlich umgehängten Beutel werden vom Kontrollierenden folgende Dinge mitgenommen: leichter Hammer, leichte Beißzange, Schraubenzieher, einige Aluminiumnägel, etwas nicht zu harter Draht, blaue Fettkreide, Papier, Bleistift, Spachtel, Reinigungskrampen sowie eine Sprühdose gegen Vogelflöhe (Pyrethrum-Basis) und ein an starker Schnur angehängter Nestschieber. In Mäusejahren empfiehlt sich ein großer Plastiksack, um die Mäuse hineinspringen zu lassen.

## Kontroll-Tipps

Ein Kontrolltag wird morgens möglichst so begonnen, dass man im Bogen arbeitend mittags wieder am Ausgangspunkt (z.B. bei einer Forsthütte) sein kann und daher das Essen nicht mittragen muss. Die Spezialleiter wird möglichst steil an den Baumstamm, an dem der Nistkasten hängt, angestellt. Dann schmiegt sich der Bügel oder mehrfach gewundene Draht am sichersten an den Baumstamm und verhindert so ein seitliches Kippen.

Ganz selten finden sich im Kasten im September noch einzelne späte Kohlmeisen- oder Tannenmeisenbruten kurz vor dem Ausfliegen. Die Vorderwand des Kastens wird dann vorsichtig und langsam gleich wieder eingesetzt, damit die Jungvögel nicht zur Erde herunter flattern. Bei den herauszunehmenden Nestern wird der Nestschieber unter das Nest geschoben, der Daumen aufs Nest gedrückt, alles vorsichtig herausgezogen und dem aufschreibenden Begleiter

*Das für die Nistkast*
*betreuung zuständ*
*Forstpersonal hat im Rucks*
*Reinigungsgeräte u*
*Notizblöcke mit und bevorz*
*starre Aluleite*

## Nistkastenreinigung mit Kontrollnotizen

hinunter gegeben. Dieser soll alles genau dokumentieren und durch die Spezifika des Vogelnestes die Vogelart feststellen, u. a. durch die niedergetretenen Nestteile und Federschuppen, und auch, ob die Brut erfolgreich ausgeflogen ist. Er trägt auch verlassene Gelege und tote Bruten durch abgekürzte Schreibweise in das Eintragungsheft ein. Sicherheitshalber öffnet er mit den Fingern das Nest von oben, um zu schauen ob vielleicht ein Gelege oder tote Junge vom Moos überdeckt in der Nestmulde liegen. Die Kastenecken werden mit einer Spachtel gut ausgekratzt, der Vorderrand wieder eingesetzt und mit der Sprühdose wird durch das Flugloch kurz gegen Flöhe eingesprüht.

Durch das Anstellen der Leiter erfolgt am Nistkasten eine leichte Erschütterung, wodurch Hornissen und Wespen (weniger die Hummeln) besonders an warmen Tagen empfindlich reagieren und einige beim Flugloch herauskommen.

Man nehme die Leiter dann vorsichtig wieder weg und entferne sich langsam. Die Insekten beruhigen sich und schlüpfen beim Flugloch wieder hinein. Man lässt sie in Ruhe, trägt den Namen der Insektenart ins Eintragungsheft ein und sieht erst im nächsten Jahr bei der Kontrolle, dass sich die alten Insektenwaben meist von der Nistkastendecke gelöst haben und mehr oder weniger zusammengefallen unten im Nistkasten liegen. Oft hat ein Vogelpaar ein Nest darauf gebaut. Aus der Kenntnis der Lebensweise von Hornisse, Wespe und Hummel kann erwartet werden, dass ihre Zu- oder Abnahme im Wald ohne unser Dazutun von mehreren Faktoren beeinflusst wird. Wir lassen sie bei der Nistkastenkontrolle daher in Ruhe.

Es kann bei allzu hartem Anstellen der Leiter doch einmal vorkommen, dass sich Hornissen (die Wespen sind Mitte September großteils schon abgestorben) belästigt fühlen und ein Waldarbeiter, der rasche Bewegungen macht, von einer Hornisse gestochen wird. Er darf dann nicht weglaufen, denn Hornissen holen jeden Läufer rasch ein. Er soll sich flach auf den Boden legen, das Gesicht zwischen den eingebogenen Armen verbergen. Hornissen lassen von jeder Verfolgung sofort ab, sobald sie keine Bewegungen mehr wahrnehmen. Hummeln sind weniger angriffslustig. Auch wenige noch lebende Hummeln summen bei der Störung im Nest. Es gelingt leicht, die Vorderwand des Nistkastens wieder zu schließen, bevor eine Hummel herauskommt.

Gelegentlich beziehen Honigbienen im Juni einen Vogelnistkasten. Der Raum wird ihnen bald zu klein, sie ziehen wieder aus, ihre leere Waben hinterlassend. Manche Völkchen halten aus, später tötet sie die Herbstkälte. Werden sie während der Nistkastenkontrolle noch gesund angetroffen, dann können sie einem Imker übergeben werden.

Die harmlose, einzeln lebende Blattschneiderbiene wird „persönlich" so gut wie nie angetroffen. Ihre „Zigarren" aus Birkenblattausschnitten in denen sich ihre Larven entwickeln, legt der Nistkastenreiniger nach dem Herausnehmen des Vogelnestes vorsichtig wieder in den Kasten zurück, wo sie den Winter überdauern. Im April/Mai baut meist ein Vogel sein neues Nest darauf, und erst im Juni/Juli schlüpfen die jungen Blattschneiderbienen wohlbehalten aus, wenn die Vogelbruten längst ausgeflogen sind.

Die lehmigen Zellen der Mörtelbiene zerbrechen leicht und können nur dann vorsichtig in den Nistkasten zurückgelegt werden, wenn eine größere Anzahl Zellen beisammen sind.

*Das alte Nistmaterial, in de Flöhe und diverse Parasite aber auch Mäuse verstec sind, wird vorerst Plastiksäcke gekip*

Plastiksack für altes Nistmaterial

Mitunter findet man seit etwa 2 Jahrzehnten die Lehmzellen der aus Indien eingeschleppten Orientalischen Maurerwespe (*Sceliphron curvatum*). Die etwa 2 cm großen Maurerwespen tragen gelähmte Spinnen als Nahrung für ihre Jungen ein. Für die Vogelbrut des nächsten Jahres sind sie ebenso harmlos wie die Blattschneiderbienen.

Während noch warmer Septemberwochen sitzen auch noch Siebenschläfer in Vogelnistkästen. Beim Anstellen der Leiter und gar bei Berührung des Nistkastens hört man ein raspelndes Knurren, vorwiegend von alten Männchen. Weibchen mit Jungen sind im Allgemeinen still. Siebenschläfer sind bissig; man kippt sie aus dem Nistkasten in einen Plastiksack, um sie genau erkennen zu können.

Anders verhält es sich mit den hauptsächlich im laub- und unterholzreichen Au- und hügeligen Mischwald vorkommenden Waldmäusen und etwas größeren Gelbhalsmäusen. Nach Wegnahme der Nistkastenvorderwand erkennt man sogleich ihre charakteristischen Nester und riecht auch gleich ihren scharfen Uringeruch. Die Waldmäuse versuchen sogleich im Bogen blitzschnell herauszuspringen, um unten am Stammende gezielt in einem Mauseloch zu verschwinden. Gelbhalsmäuse sind etwas langsamer. Man setzt die Vorderwand des Kastens gleich wieder ein, verstopft das Flugloch und nimmt den Kasten ab und kippt seinen Inhalt in einen Plastiksack. Die Mäuse verkriechen sich in einem Sackeck. Lässt man sie davonspringen, so werden immer mehr Nistkästen zum Schaden der angesiedelten Singvögel von Mäusen besetzt.

Fledermäuse hängen noch im September manchmal in Tagesstarre zu einem Dutzend und mehr hinten oben in Vogelnistkästen. Man lässt sie ungestört und trägt im Eintragungsheft den Kasten als von Fledermäusen besetzt ein, ohne die Zahl der Tiere genau festzustellen. Unten im Nistkasten befindet sich oft ein Vogelnest und darauf reichlich Fledermauskot. Das Vogelnest nehme man vorsichtig zur Bestimmung heraus.

Sowie es kalt wird, ziehen die Fledermäuse in ihre Winterquartiere zum Winterschlaf, dabei weniger in hohle Bäume als vielmehr ins Dachgebälk von Bauernhäusern, oder auch in Felshöhlen und tiefe Gesteinsspalten. Im nächsten Jahr sind sie meist wieder im selben Revier.

**Reparatur und Beschaffung neuer Nistkästen**

Erst nach erfolgter gewissenhafter Nistkastenkontrolle bei gleichzeitiger Reinigung aller Kästen im September bekommt man eine genaue Übersicht, wie viele Nistkästen ersetzt und wo neue dazugehängt werden sollen. Je frühzeitiger im Herbst die neuen Nistkästen vor der nächstjährigen Nestbau- und Brutzeit aufgehängt werden, desto besser wird ihre Besetzung sein, denn Meisen, Kleiber und Baumläufer, die sich im Revier neu ansiedeln wollen, suchen im Spätherbst einen Übernachtungskasten, der ihnen den Winter über bis zum Frühjahr vertraut genug sein soll, um darin ihr Nest zu bauen.

Bei der Anschaffung neuer Nistkästen sollte man sich nach dem neuesten Stand der praktischen Erfahrung richten. Dieser Wissensstand und die Nistkastentypen werden laufend verbessert.

*Verlassene Gelege mit to*
*Jungvögeln oder verstec*
*Hummelnester werden e*
*durch das Auseinanderzieh*
*der Nestlagen sichtl*

## Verlassenes Gelege im Nistmaterial versteckt

## Wie werden Vogel-, Insekten- und Säugetiernamen für die Eintragung in das Kontrollheft abgekürzt?

Die Methode der abgekürzten Eintragung der Kontrollergebnisse in die Blätter des Eintragungsheftes hat sich auf einfach Weise entwickelt und bewährt.

### HÄUFIG VERWENDBARE ABKÜRZUNGEN:

**Vögel**

| | |
|---|---|
| Kohlmeise | KM |
| Blaumeise | BM |
| Sumpfmeise | SM |
| Weidenmeise | WM |
| Tannemeise | TM |
| Haubenmeise | HM |
| alle 6 Meisenarten wegen ihrer ähnlichen Nester abgekürzt | M |
| Kleiber | KL |
| Baumläufer (Wald- und Gartenbaumläufer) | BL |
| Gartenrotschwanz | GR |
| Trauerschnäpper | TS |
| Halsbandschnäpper | HS |
| Trauer- und Halsbandschnäpper gemeinsam als Fliegenschnäpper | FlS |
| Star | St |
| Wendehals | WH |
| Feldsperling | FSp |
| Haussperling | HSp |
| beide Sperlingsarten | Sp |
| Hohltaube | HT |
| Bachstelze | BSt |
| Grauschnäpper | GrS |
| Hausrotschwanz | HR |
| Rotkehlchen | RK |

**Insekten**

| | |
|---|---|
| Hornissen | Ho |
| Wespen | W |
| Hummeln | Hu |
| Hummelwachsmotten | Wamo |
| Blattschneiderbiene | Blabi |
| Mörtelbiene | Möbi |
| Honigbienen | Hobi |
| Ameisen | Amei |

**Säugetiere**

| | |
|---|---|
| Fledermaus | Flm |
| Haselmaus | Hm |
| Waldmaus | Wm |

*Unter der Nestwolle finden sich die Überreste einer verhungerten Meisenbrut, von Aasinsekten bis die Knochen abgenagt wurden*

Reste einer verhungerten Meisenbrut

| | |
|---|---|
| Gelbhalsmaus | Gm |
| Wald- und Gelbhalsmaus gemeinsam | WGm |
| Siebenschläfer | SS |
| Gartenschläfer | GS |
| Baumschläfer | BS |
| Eichhorn | Eiho |
| Baummarder | Bma |

**Eintragung ins Kontrollbuch für die Jahresstatistik**
Wie wird jedes einzelne während der Kontrolle festgestellte Ergebnis aus jedem Nistkasten abgekürzt im Eintragungsblatt (siehe Seite 236) notiert?

**Vögel**
Wenn sich im Nistkasten nichts befindet, lautet die Eintragung: leer ......... = l

Ist nur weißlicher Vogelkot übernachtender Altvögel vorhanden, dabei oft auch einige Mauserfedern von Kleiber oder Kohlmeise, dann lautet die Eintragung ebenfalls: leer ............................................................................. = l

Liegen einige wenige Stückchen Moos oder etwas Laub oder Würzelchen lose und locker ohne Zusammenhalt und ohne Nestmulde auf dem Nistkastenboden, so dass man sieht, ein Vogel wollte mit dem Nestbau beginnen, vielleicht nur spielerisch, ließ aber aus unbekannten Gründen wieder ab, so blieb der Nistkasten ohne Erfolg und so gut wie leer, die Eintragung lautet ebenfalls: leer ................................................................................. = l

Während des Übernachtens den Winter über starb im leeren mardersicheren Meisennistkasten eine alte Kohlmeise oder ein Kleiber eines natürlichen Todes. Da kein Nest gebaut wurde, wird das Ergebnis als leer behandelt: leer ................................................................................................ = l

Altersschwache oder beschädigte Nistkästen, die zu zerfallen drohen oder schon kaputt sind, also im kommenden Jahr nicht mehr für Brutzwecke dienen, werden abgenommen und die Eintragung lautet je nach vorhandenem Ergebnis: leer oder z.B. Meise ausgeflogen und Kasten abgenommen ................................................................................ = l oder M, abg.

Ist ein Nistkasten nicht mehr vorhanden, so lautet die Eintragung: fehlt: ... = f

Hat ein Vogel ein Nest fertig gebaut (unterschiedlich hoch, 2-11 cm) und auch die Nestmulde ausgeformt, ist aber durch Tod am Eierlegen verhindert worden, so gilt dieses Ergebnis als „fertiges Nest ohne Eier" (Jahreszusammenstellungsblatt Spalte 11). Im Eintragungsheft wird nur die Abkürzung des Vogelnamens und davor ein großes N (Nest eingetragen), z.B. beim Trauerschnäpper ................................................................................. = N TS

Findet man ein verlassenes Gelege, dann kam das Weibchen außerhalb des Nistkasten wahrscheinlich um. Vor den abgekürzten Vogelnamen wird ein großes **E** (Eier) gestellt. Ebenso kommt ein E vor den abgekürzten Vogelnamen, wenn das Weibchen an Legenot oder an Herzschlag während des Brü-

*In einem über den Win nicht gereinigten Nistkas fand sich ein Wespensta auf dem die Tannenmeise Nest mit 7 Eiern bau*

Tannenmeisengelege auf Wespennest des Vorjahres

tens starb und sich auf den Eiern befindet: Die Eintragung lautet:
................................................................................. = **EM** oder z.B. **ETS**
Bei „Bemerkungen" im Eintragungsheft kann z.B. „Legenot" oder „Herzschlag" vermerkt werden.

Es kommt immer wieder einmal vor, dass sich eine Blaumeise vor Brutbeginn beim Drehen der festen Nestmulde mit den Zehen in den vielen feinen Baststreifen ihres Nestes verstrickt, rettungslos hängen bleibt und eingeht. Die Eintragung lautet: .......................................................................... = **EM**

Sind Altvögel umgekommen, solange sie Junge hatten, und die Jungen liegen alle tot im Nest, dann trägt man vor dem Vogelnamen ein kleines t ein, so z.B. bei einer toten Kohlmeisenbrut: ............................................................. = **tM**

Sind Jungvögel wohlbehalten ausgeflogen, dann ist bei Meisen die ganze Nestoberfläche von den vielen Jungen niedergetreten außer bei den wenigen Jungen der Haubenmeise. Vorwiegend beim Trauerschnäpper liegen nach dem Ausfliegen der Jungen gelegentlich noch Nahrungsreste und Gewölle auf der Nestoberfläche auch beim Gartenrotschwanz. Viele Federschüppchen sichern zwischen den Nistmaterial zur Nestunterseite, vorwiegend bei Meisen. Als Grundregel gilt: Wenn alle Jungen ausgeflogen sind, steht vor dem abgekürzten Vogelnamen keine Zahl und kein Buchstabe. Die Eintragung lautet: z.B. beim Kleiber .................................................................... = **Kl**

Liegt noch ein Ei im niedergetreten Nest und findet man reichlich Federschuppen, so flog die Brut aus, auch wenn 1 unbefruchtetes Ei (gelegentlich 2-3) und 1 oder 2 tote Junge übrig blieben. In solchen Fällen steht vor dem abgekürzten Vogelnamen nichts. Die wenigen unbefruchteten Eier und toten Jungen werden bei der Eintragung nicht berücksichtig, diese lautet: z.B. bei Meisen ................................................................................................... = **M**

Ein leerer oder fast leerer (etwas Moos, einige Würzelchen von Kohlmeise) benutzt aussehender Brutraumboden, glattgerutscht, auf dem manchmal einige weiße Eischalenreste liegen oder ein ganzes weißes, aber verschmutztes Ei (unbefruchtet), vielleicht auch ein toter Jungvogel oder einige braungebänderte Federchen, ab und zu auch einige eingetrocknete Ameisenpuppen, größere Kotballen (größer als die Meisen), einige Schneckenhäuschen, diente wahrscheinlich einer Wendehalsbrut als Kinderstube. Vorsicht bei der Beurteilung, denn der Wendehals ist selten geworden! Sind die Jungen ausflogen, lautet die Eintragung: ............................................................... = **WH**

Öfter kommt es vor, dass sich 2 Nester aufeinander in einem Kasten befinden. Dann wird immer der erste, also untere Nestbau zuerst eingetragen. Wenn z.B. ein Kleiber baute, seine Eier legte und die Jungen ausflogen, dann eine Meise ihr Moosnest für ihre 2. Brut daraufbaute, ebenfalls Eier legte und die Brut ausflog, dann wird alles der Reihe nach eingetragen, mit Komma dazwischen, und lautet: .................................................................... = **Kl, M**

*Im Nestdickicht ha*
*Aas- und Totengräberke*
*aus vor wenigen Ta*
*verendeten Blaumeisen*
*Knäuel geformt, in*
*sie ihre Eier hineinleg*

Totengräber „entsorgten" verendete Blaumeisenjunge

225

**Insekten**
Hornissen und Wespen beziehen vorzugsweise leere Vogelnistkästen, nur die Hummeln brauchen ein Vogelnest. Haben Vögel schon Junge, so werden solche Kästen von allen Insektenarten gemieden.

Hat eine Hornisse in einem Nistkasten oben innen an der Decke mit ihrem Wabenbau begonnen, ist aber dann eingegangen, und man findet bei der Kontrolle nur den kleinen begonnenen Schirm und darunter wenige Zellen, dann wird das genauso eingetragen, wie wenn ein großer, bei der Kontrolle noch lebender Schwarm entstanden wäre. Entscheidend ist beim Eintragen von Insekten, dass mit Bauen begonnen wurde; bei ihnen wird immer nur der abgekürzte Namen eingetragen: ................................................................. = **Ho**

Bei Wespen gilt für Eintragung das gleiche wie bei Hornissen. Alle Wespennestgrößen, auch die kleinsten werden immer eingetragen und nur mit dem abgekürzten Namen: ................................................................. = **We**

Da für den Einzug einer Hummel in einem Nistkasten immer ein Vogelnest Voraussetzung ist, so wird, auch wenn schon einige Eier von einem Vogel zuvor gelegt waren, nur die Hummel eingetragen, denn das Vogelpaar bezieht bald darauf einen anderen Nistkasten und legt dort erneut Eier. Also lautet die Eintragung nur: ................................................................. = **Hu**

Findet man jedoch ein vollzähliges Gelege, auf dem der Vogel schon gebrütet hatte, ehe die Hummel einzog, dann wird das Gelege eingetragen und die Hummel. Das Ganze gilt als mehr als eine einmalige Besetzung (Spalte 17). Eintragung im Eintragungsheft: ................................................................. = **EM, Hu**

Zerstörten Hummelwachsmotten einen Hummelstaat, dann wird hinter Hu noch die Wachsmotte geschrieben: ................................................................. = **Hu, Wamo**

Im Jahreszusammenstellungsblatt müssen Hu in Spalte 13, Wamo in Spalte 16 und einmal in Spalte 17 wegen Doppelbesetzung eingetragen werden.

Blattschneiderbiene, Mörtelbiene und Honigbienen suchen jahreszeitlich spät (Juni) Nistkästen auf. Zu dieser Zeit sind die ersten Bruten der Meisen schon ausgeflogen. Man findet im Kasten das Vogelnest und darauf, an der Seite oder darüber die Insekten. Es heißt dann z.B. beim Vorfinden von „Zigarren" der Blattschneiderbiene in einem Nistkasten, aus dem eine Meisenbrut ausflog: ................................................................. = **M, Blabi**

Im Jahreszusammenstellungsblatt müssen M in Spalte 1, Blabi in Spalte 16 und einmal in Spalte 17 wegen Doppelbesetzung eingetragen werden.

*In verregneten Frühjahren kö...*
*nen Hummelnester (Nektarf...*
*und Pollenteig) verschimm...*
*und werden erst ...*
*genauer Nachsuche entdec...*

Von Schimmel befallenes Hummelnest

*Meisen nächtigen in mardersicheren Kästen den ganzen Winter über. Der angehäufte Überwinterungskot hat sich bis zum Frühjahr zu einem Klumpen geformt.*

## Verlassenes Trauerschnäppergelege

*Ein unvollständiges Gelege des Trauerschnäppers mit einem kleinen Sparei. Aufgenommen, einige Tage nachdem der Altvogel außerhalb des Nestes umgekommen ist.*

**Säugetiere**
Die charakteristischen Nester von Siebenschläfer, Haselmaus, Wald- und Gelbhalsmaus werden, falls kein Tier anwesend ist, mit einem großen N (Nest) vor dem abgekürzten Tiernamen ins Eintragungsheft eingetragen, z.B.: ............................................................................................. = N SS

oder bei angetroffenen Tieren (ohne Stückzahlnennung)........................ = SS

Wenn dagegen Tiere obiger Art bei der Kontrolle in den Kästen angetroffen werden, dann können z.b. bei einem Siebenschläferweibchen mit 6 Jungen im Eintragungsheft **7 SS** vermerkt werden, für die Jahreszusammenstellung gilt jedoch nur **1 x SS**.

Ist im Nistkasten der Brutraumboden bis mehrere Zentimeter hoch mit gleich gefärbte dunkelbraunen Kot (nicht teils weißen!) bedeckt, sind aber Fledermäuse selbst nicht anwesend, dann diente der Vogelnistkasten den Sommer über als Fledermauswochenstube und die Eintragung lautet: .............. = **Flm**

Die Zahl eventuell angetroffener Fledermäuse spielt keine Rolle, sie sollen auch nicht mehr beringt und gezählt werden, um jede Störung zu vermeiden.

**Die Zusammenrechnung jedes einzelnen Kontrollergebnisses zum Jahresgesamtergebnis:**
Nach Beendigung der Kontrolle und Reinigung wird das Jahresgesamtergebnis aus den einzelnen Eintragungsblättern (Seite 236) zusammengestellt. Als Hilfsmittel bei dieser schriftlichen Zusammenstellung dient das Jahreszusammenstellungsblatt (Seite 237).
Das Gesamtergebnis wird dann kopiert dem Forstamt vorgelegt. Der Forstverantwortliche vergleicht es mit dem der vorangegangenen Jahre und lässt es auch die mitarbeitenden Waldfacharbeiter wissen. Stellt man eine augenfällige Veränderung gegenüber dem letzten Jahresergebnis fest, so liegt es vielleicht an zu wenig Nistkästen, an der Witterung oder an einem schneereichen und lang anhaltenden kalten Winter. Aus solchen Erwägungen heraus bildet der Forstverantwortliche sein Urteil und fasst seinen Entschluss für die neu zu treffenden Vogelschutzmaßnahmen, um sein Revier auch in den kommenden Jahren mit ausreichend nützlichen Insekten vertilgenden Singvögeln gut besiedeln zu können, und schließlich um Fraßschäden zu verhindern

*Totes Kohlmeisenweibche*
*charakteristischer Stel*
*bei Legenot mit hochgestel*
*Schwanz und ausgebreit*
*Flüg*

## Kohlmeise an Gelegenot verstorben

*Das Blaumeisenweibchen verwickelte sich beim Formen der Nestmulde in Bastfäden und starb vor Brutbeginn. Ähnliche „Fesselungen" sind auch von Spatzen und Mauerseglern mehrfach bekannt.*

## An Herzschlag verstorbene Blaumeise

*Diese Blaumeise ist während der Brut möglicherweise an Herzschlag verstorben.*

*Eine kurz vor dem Ausfliegen verlassene und dadurch verstorbene Kohlmeisenbrut, die von Speck-, Pelz- und Moderkäferlarven angefressen wurde.*

Verlassenes Blaumeisengelege

*Verlassenes Blaumeisengelege, aus dem alle Jungen erfolgreich ausgeflogen sind. Nur ein unbefruchtetes Ei und einige Kotbällchen blieben zurück.*

**Gemeinde:** ..................................................................................................

**Waldbezeichnung:** ..........................................................................................

| Kasten-Nr. | Bauart und Flugloch-weite | Auf-hänge-ort | 20 ...... Tag: | 20 ...... Tag: | 20 ...... Tag: | 20 ...... Tag: | 20 ...... Tag: | Bemer-kungen: (z.B. erneuert oder umgehängt) |
|---|---|---|---|---|---|---|---|---|
| | | | | | | | | |
| | | | | | | | | |
| | | | | | | | | |
| | | | | | | | | |
| | | | | | | | | |
| | | | | | | | | |
| | | | | | | | | |
| | | | | | | | | |
| | | | | | | | | |
| | | | | | | | | |

*Eintragungsblatt (zum Kopieren)*

**Gemeinde:** ...........................................................

**Waldbezeichnung:**

Nr.: _____
vorgelegt
dem Forstamt _____
der Oberforstdirektion _____
als Terminarbeit Nr.: _____
_____ , den _____

## Jahreszusammenstellungsblatt

### Mit Nützlingen erfolgreich besetzte Vogel-Nistkästen
(ausgeflogene Vogelbruten, Fledermaus-Wochenstuben [sehr viel Kot] oder Kästen mit angetroffenen Fledermäusen)

20 .....

| M (Meisen) | Kl (Kleiber) | BL (Baum-läufer) | GR (Garten-rotschwanz) | FIS (Fliegen-schnäpper) | St (Star) | Fsp (Feld-sperling) | Nicht häufige Höhlenbrüter und Nischenbrüter | Flm (Fleder-mäuse¹) | Summe Spalte 1-9 | Zahl der nicht ausgeflogenen Bruten | Mäuse und Schläfer (ohne Fledermäuse). Nur die Anzahl der mit Tieren oder ihren Nestern besetzten Kästen eintragen¹) |
|---|---|---|---|---|---|---|---|---|---|---|---|
| 1 | 2 | 3 | 4 | 5 | 6 | 7 | 8 | 9 | 10 | 11 | 12 |
| | | | | | | | Höhlenbrüter: | | | fertige Nester | Waldmäuse |
| | | | | | | | Wendehals: | | | ohne Eier: | Gelbhalsmäuse |
| | | | | | | | Zaunkönig: | | | verlassene Gelege: | Haselmäuse: |
| | | | | | | | Nischenbrüter: | | | alle Jungen tot: | Siebenschläfer: |
| | | | | | | | Grauer Fliegenschnäpper: | | | zusammen | Gartenschläfer: |
| | | | | | | | Bachstelze: | | | | Baumschläfer (Schlesien und Tirol): |
| | | | | | | | Rotkelchen: | | | | |
| | | | | | | | Hausrotschwanz: | | | | zusammen |
| | | | | | | | Zaunkönig: | | | | |
| | | | | | | | zusammen | | | | |
| = % v. Spalte 21 - 18 | = % v. Spalte 21 - 18 | = % v. Spalte 21 - 18 | = % v. Spalte 21 - 18 | = % v. Spalte 21 - 18 | = % v. Spalte 21 - 18 | = % v. Spalte 21 - 18 | | = % v. Spalte 21 - 18 | = % v. Spalte 21 - 18 | = % v. Spalte 21 - 18 | = % v. Spalte 21 - 18 |

### Zahl der Nistkästen besetzt von:

| Hu (Hummel)²) | We (Wespe) | Ho (Hornisse) | Blattschneider-, Mörtel-, Honigbiene, Wachsmotte, Ameise (kleine schwarze) | Zahl der mehr maligen Besetzung 3) | Berechnung der Nistkästen 5) und 6) | | | | | |
|---|---|---|---|---|---|---|---|---|---|---|
| 13 | 14 | 15 | 16 | 17 | Fehlen | Abgängig geworden 4) | Leer gewesen | Anfangs-Gesamt-summe Sp. 24 des Jahres zuv. | Nach der Kontrolle noch vorhandene Summe: Spalte 21 - 18 - 19 | Neu dazu gehängt nach der Kontrolle (Datum) | Neue Summe für die nächstjährige Kontrolle Spalte 22 + 23 |
| | | | | | 18 | 19 | 20 | 21 | 22 | 23 | 24 |
| | | | Blattschneiderbiene: | | | | | | | | |
| | | | Mörtelbiene: | | | | | | | | |
| | | | Honigbiene: | | | | | | | | |
| | | | Wachsmotte: | | | | | | | | |
| | | | Ameise: zusammen | | | | | | | | |
| = % v. Sp. 21 - 18 | = % v. Sp. 21 - 18 | = % v. Sp. 21 - 18 | | = % v. Spalte 21 - 18 | = % v. Spalte 21 - 18 | = % v. Spalte 21 - 18 | = % v. Spalte 21 - 18 | | | | |

1) Bei allen Säugetieren nicht die Stückzahl angeben, sondern nur die Zahl der besetzten Nistkästen.
2) Voraussetzung für die Hummel ist ein Vogelnest, das nur eingetragen wird, wenn die Vogelbrut vor Einzug der Hummel ausflog oder Eier verlassen wurden.
3) Hier sind alle Nachfolger der Erstbewohner durch eine Zahl anzugeben; z.B. nach Kleiber eine Meise = die Zahl 1; nach Meise die Hummel und Wachsmotte = die Zahl 2.
4) Jedes abgängig gewordene Nistgerät wird in Spalte 19, und das Ergebnis, z.B. leer oder der festgestellte Inhalt in die zuständige Spalte eingetragen.
5) Die Gesamtberechnung setzt sich zusammen aus Spalte 10 + 11 + 12 + 13 + 14 + 15 + 16 + 18 + 20 - 17 und ist die Summe der Spalte 21.
6) Die %-Zahlen werden berechnet aus Spalte 10 + 11 + 12 + 13 + 14 + 15 + 16 + 20 - 17 - 18 - 19 und ergeben 100 % der noch vorhandenen Nistkästen (Spalte 22).

*Ein verlassenes Trauerschnäppernest, das auf der Unterseite von Regen dauerhaft angefeuchtet war. Dort ließ der Altvogel seine Kotbällchen fallen.*

Wochenstube mehrerer Fledermäuse

*Zahlreicher Fledermauskot zeigt an, dass der Vogelnistkasten über den Sommer mehreren Fledermausweibchen als Wochenstube gedient hat. Die dunkleren Kotanteile stammen von übersommernden Abendseglermännchen.*

# Weiterführende Literatur

**Bezzel, E.** (1985): Kompendium der Vögel Mitteleuropas. Nonpasseriformes – Nichtsingvögel. – AULA-Verlag, Wiesbaden.

**BirdLife Österreich** (2001): Gefiederte Gäste am Futterhaus; Tipps von BirdLife Österreich zur Winterfütterung. – 24 pp.

**Blume, D.** (1994): Spechte und Naturschutz. – Die Voliere 17, Heft 12, 353-384.

**Blume, D.** (1996): Schwarzspecht, Grauspecht, Grünspecht. – 5. überarb. Auflage. Die Neue Brehm-Bücherei Bd. 300. Westarp Wissenschaften, Magdeburg.

**Glutz von Blotzheim, U.N., & K.M. Bauer** (eds) (1994): Handbuch der Vögel Mitteleuropas. Bd. 9. Columbiformes-Piciformes. – 2. durchgesehene Auflage. Aula, Wiesbaden.

**Hagen von, E.** (1988): Hummeln bestimmen, ansiedeln, vermehren, schützen. – Naturführer, Neumann-Neudam 356 pp.

**Landesamt für Umweltschutz** (1991): Nistkasten – ein Lebensraum und seine Pflege. – Arbeitsblätter zum Naturschutz Nr. 17, Karlsruhe Baden Württemberg 46 pp.

**Makatsch, E.** (1974): Eier der Vögel Europas. – Neumann-Verlag.

**Maywald, A. & B. Pott** (1988): Fledermäuse; Leben, Gefährdung, Schutz. – Naturerleben, Ravensburger, 128 pp.

**Meyer, W., und B. Meyer** (2001): Bau und Nutzung von Schwarzspechthöhlen in Thüringen. – Abh. Ber. Mus. Heineanum 5, Sonderheft: 121-131.

**Michalek, K.G., & H. Winkler** (1997): Der Buntspecht – Vogel des Jahres 1997: Hacken und Klettern – ein Leben am Baum. – Falke 44 (1), 4-9.

**Ruge, K.** (1993): Europäische Spechte – Ökologie, Verhalten, Bedrohung, Hilfen. – Beih. Veröff. Naturschutz Landschaftspflege Bad.-Württ. 67, 13-25.

**Ruge, K.** (1993): Schutz für einheimische Spechtarten. – Beih. Veröff. Naturschutz Landschaftspflege Bad.-Württ. 67, 199-202.

**Sackl, P. und O. Samwald** (1997): Atlas der Brutvögel der Steiermark. – Mitt. Landesmuseum Joanneum, Graz, 432 pp.

**Scherzinger, W.** (1997): Vogel des Jahres. Buntspecht & Co. Natur & Land 83. Heft 4/5, 8-14.

**Schreiber, R.C.** (1993): Tiere auf Wohnungssuche. – pro natur-Buch, Deutscher Landwirtschaftsverlag, 352 pp.

**Skikora, L.G.** (1997): Naturschutz und naturnaher Waldbau – Der Schwarzspecht als Beispiel für eine Leitart im Ökosystem Wald. – Diplomarbeit, FH Nürtingen.

**Spitzenberger, F.** (2001): Die Säugetierfauna Österreichs. – Eine Reihe des Bundesministeriums für Land- und Forstwirtschaft, Umwelt und Wasserwirtschaft, Band 13, 196 pp.

**Wiesner, J.** (2001): Die Nachnutzung von Buntspechthöhlen unter besonderer Berücksichtigung des Sperlingskauzes in Thüringen. – Abh. Ber. Mus. Heineanum 5, Sonderheft: 79-94.

# Ein Dank an erfahrene Praktiker

Mit 1200 selbst ausgehängten Nisthilfen aller Varianten sammelt man interessante Erfahrungen. Dennoch gibt es in Spezialfragen immer noch erfahrenere Kolleginnen und Kollegen. Schon vor Jahrzehnten vermittelten mir die „Storchenmutter der Steiermark", Frau Marianne Legat, und der greifvogelkundige Briefträger Helmut Haar grundlegende Kenntnisse. Mit 12.000 ständig betreuten Kästen sind die Berg- und Naturwächter der südlichen Steiermark besonders aktiv; ich verdanke u. a. den Herren Josef Föst und Karl Schantl nicht nur interessante Anleitungen für die Haltbarmachung von Holzkästen, sondern auch manche Fotomodelle für dieses Buch. Der Fledermausschutz-Beauftragte des Landes Steiermark, Herr Bernd Freitag, vervollständigte in dankenswerter Weise die Liste der durch Kästen förderbaren Fledermäuse und übermittelte mir den Hinweis auf neue Befestigungsstifte aus Kunststoff. Dr. Klaus Michalek aus dem Burgenland verfasste als erfahrener Experte das Textkapitel über Spechte als Baumeister und ihre Höhlennachnutzer. Herrn Stefan Natterer (Schwegler GmbH) verdankt das Buch zahlreiche neue Fotos über Holzbetonkästen.

Johannes Gepp, Institut für Naturschutz, Graz.

# Fotonachweise

Ungefähr die Hälfte der rund 300 Fotos dieses Bandes wurden der vorhergehenden 5. Auflage dieses Buches (Bildautor: zumeist Dr. Otto Henze) entnommen.

Anton Barbic (Seite 75)
Dkfm. Rudolf Herbert Berger (Seite 15 und 16)
J. Dietrich (Seite 138)
Dr. H. Gasow (Seite 141)
Univ.-Doz. Dr. Johannes Gepp (40 Abbildungen)
Elke Heikenwälder (Seite 81)
Siegfried Hemerka (Seite 141)
R. Lenz (Seite 207)
W. Scholze (Seite 148)
Schwegler GmbH (65 Abbildungen)
Walter Tilgner (7 Abbildungen)
K. Wiegand (Seite 135)

# Register

Abkürzungen für Nistkastenkontrollen .......... 220
Ackerhummel *Megabombus pascuorum florali* ............ 187
Altholz .................................................................. 10
Ameisen ................................................. 44, 122, 98
Amsel *Turdus merula* ......................................... 26
Arbeitsvögel ....................................................... 60
Aufhängehöhe .................................................... 82
Aufhängeorte ..................................................... 76
Aufhängerichtung ............................................... 78
Aufhängungsmöglichkeiten ................................ 85
Bachstelze *Montacilla alba* ........................ 32, 148
Bartmeise *Panurus biarmicus* ........................... 104
Baumhummel *Pyrobombus hypnorum* ...... 12, 183, 189
Baumläufer (Gartenbaumläufer
  und Waldbaumläufer) .................. 32, 112, 117
Baumläuferhöhlen ............................ 20, 23, 114, 115
Baummarder (Edelmarder) *Martes martes* ...... 12, 71, 174
Baumschläfer *Dyromys nitedula* ....................... 172
Bechsteinfledermaus *Myotis bechsteinii* ....... 52, 124, 156
Befestigungsmöglichkeiten ................................ 84
Beutelmeise *Remiz pendulinus* ........................ 104
Biotopholz ......................................................... 14
Blattschneiderbiene *Megachile centuncularis* .... 192, 202
Blattwespen *Symphyten* .................................... 59
Blaumeise *Parus caeruleus* ....... 9, 30, 32, 92, 232, 233, 235
Blauracke *Coracias garrulus* ............... 10, 15, 142
Blechmanschette .................................... 54, 173
Braunes Langohr *Plecotus auritus* ................... 14
Buchenspinner *Dasychira pudibunda* .............. 60
Buntspecht *Picoides major* ............... 10, 14, 204
Bürstenmoos (Haarmützenmoos)
  *Polytrichum juniperinum* ............................ 86
Deutsche Wespe *Vespula germanica* .......... 181, 184
Dohle *Corvus monedula* ................................. 50
Dreiblättriges Kranzmoos *Rhytidiadelphus triquetrus* .... 92
Dreieckkasten ................................................... 28
Drei-Loch-Nisthöhlen ....................................... 70
Dreizehenspecht *Picoides tridactylus* .............. 13
Eichelhäher *Garrulus glandarius* .......... 146, 206
Eichenwickler *Tortrix viridana* .............. 60, 66, 80
Eichhorn
  (Eichhörnchen) *Sciurus vulgaris* ...... 68, 174, 175, 204
Einfluglöcher ................................................... 70
Eintragungsblatt ............................................. 236
Eisvogel *Alcedo atthis* ................................. 140
Elster *Pica pica* ............................. 146, 210, 213
Etagenmoos *Hylocomium splendens* ............... 86
Eulenhöhlen ................................................... 136
Falsche Kuckuckswespe *Dolichovespula adulterina* .... 184
Feinde .................................................... 200, 204
Feldsperling *Passer montanus* ........... 30, 124, 126
Fledermäuse ............................................. 12, 154
Fledermauskästen und -höhlen ....................... 154

Fledermauskot ................................................ 239
Forleule *Panolis flammea* ......................... 60, 64
Forstschädlinge ........................... 59, 63, 64, 66
Fransenfledermaus *Myotis nattereri* .............. 156
Frostspanner *Hibernia defoliaria* ............. 60, 66
Futtersilo ..................................... 56, 82, 83
Gänsesäger *Mergus merganser* ..................... 140
Gänsesägerkasten .......................................... 138
Gartenbaumläufer *Certhia brachydactyla* ...... 116
Gartenrotschwanz *Phoenicurus
  phoenicurus* ................. 32, 38, 44, 118, 152, 204
Gartenschläfer *Eliomys quercinus* ......... 12, 170
Gebirgs(bach)stelze *Motacilla cinera* ............. 72
Gelbhalsmaus *Apodemus flavicollis* ......... 12, 162
Gemeine Wespe *Vespula vulgaris* ................. 184
Glanzmoos (Stockwerkmoos) *Hylocomium splendens* ..... 86
Graue Waldschnecke *Arion* sp. .................. 204
Grauer Lärchenwickler *Zeiraphera diniana* .......... 66, 92
Grauschnäpper (Grauer
  Fliegenschnäpper) *Muscicapa striata* ....... 144, 146, 147
Grauspecht *Picus canus* ................................. 10
Großer Fuchs (Schmetterling) *Nymphalis
  (Vanessa) polychloros* ................. 12, 196, 199
Großes Wiesel (Hermelin) *Mustela erminea* ...... 12, 206
Grünspecht *Picus viridis* ......................... 14, 10
Halbhöhlen ................................. 20, 22, 23, 146
Halsbandschnäpper (Halsbandfliegen-
  schnäpper) *Ficedula albicollis* ............. 102, 122
Haselmaus *Muscardinus avellanarius* ..... 12, 164, 167
Haubenmeise *Parus cristatus* ........................ 98
Hausmaus (Östliche und
  Westliche) *Mus musculus* und *Mus domesticus* ...... 158
Hausrotschwanz *Phoenicurus ochruros* ...... 32, 44, 148
Haussperling *Passer domesticus* ......... 30, 124, 126
Hecken ....................................................... 28, 32
Hermelin (Großes Wiesel) *Mustela erminea* ...... 12, 206
Hohltaube *Columba oenas* ............. 10, 132, 133, 173
Holzbeton-Nistkästen .................... 22, 36, 70, 75
Honigbiene *Apis mellifica* ........ 12, 111, 194, 195, 200
Hornisse *Vespa crabro* ......................... 176, 200
Hornissenkasten ........................................... 178
Hummeln ....................................... 176, 186, 200
Hummelwachsmotte *Aphomia sociella* ...... 12, 188, 190, 193
Jahresstatistik ............................................. 222
Jahreszusammenstellungsblatt ....................... 237
Käfer ..................................................... 16, 17
Katzen .......................................................... 210
Katzenschutz ............................................ 54, 55
Kauzhöhle ..................................................... 25
Kiefernbuschhornblattwespe *Diprion pini* ...... 60, 64
Kiefernspanner *Bupalus piniarius* ......... 60, 64, 80
Kiefernspiegelrinde ...................................... 110
Kiefernspinner *Dendrolimus pini* ............ 60, 64

242

Kleiber *Sitta europaea* .................. 30, 107, 108, 110
Kleiberhöhle .................. 25
Kleiner Fuchs (Schmetterling) *Aglias (Vanessa) urticae* .. 12
Kohlmeise *Parus major* .................. 28, 38, 86, 209, 231, 234
Kohlmeisennistkasten .................. 19
Kontrolle .................. 85
Kontrollformulare .................. 236
Kuckuckswespe *Sulco polistes* .................. 184
Langohrfledermaus (Braunes Langohr)
   *Plecotus auritus* .................. 52, 154, 162
Lärchenminiermotte *Coleophora laricella* .................. 66, 92
Marder (*Martes foina* und *M. martes*) .................. 204
Marderschutz .................. 173
Mauersegler *Apus apus* .................. 48, 49, 140, 141
Mäuseschwanzmoos *Isothecium myurum* .................. 92
Mauswiesel *Mustela nivalis* .................. 206
Mehlschwalbe *Delichon urbica* .................. 46
Meisenkasten mit Beobachtungstür .................. 27
Meisennisthöhlen .................. 20, 69
Meisennistkasten .................. 35
Mittelspecht *Piloides medius* .................. 13
Mörtelbiene *Chalicodoma muraria* .................. 192, 196, 200
Nebelkrähe *Corvus corone cornix* .................. 210
Nischenbrüter .................. 42
Nischenbrüterhöhlen .................. 20, 23, 142, 143, 146
Nischenbrüterkasten .................. 20, 40, 144
Nistkastenkontrolle .................. 212, 215
Nistkastentypen .................. 60
Nistkörbe .................. 51
Nonne *Lymantria monacha* .................. 194
Östliche Hausmaus *Mus musculus* .................. 158
Pantherameisenjungfer *Dendroleon pantherinus* .................. 17
Pyramideneule *Aphipyra pyramidae* .................. 12, 196
Rabenkrähe *Corvus corone* .................. 210, 213
Rauchschwalbe *Hirundo rustica* .................. 46
Rauhfußkauz *Aegolius funereus* .................. 134, 135, 136, 138
Reinigung der Nistkästen .................. 52
Riemenstängelmoos *Rhytidiadelphus loreus* .................. 92
Rötelmaus *Clethrionomys glareolus* .................. 12
Rotkehlchen *Erithacus*
   *rubecula* .................. 32, 142, 143, 144, 145, 146
Sächsische Wespe *Vespula saxonica* .................. 179, 186
Samtfedermoos *Brachythecium velutinum* .................. 96
Samtkegelmoos *Brachythecium rutabulum* .................. 92
Schellente *Bucephala clangula* .................. 139, 140
Schleiereule *Tyto alba* .................. 50, 51, 132
Schleiereulennistkasten .................. 51
Schlitzhöhlen .................. 116
Schwalbennester .................. 25, 47
Schwammspinner *Lymantria dispar* .................. 66, 194
Schwanzmeise *Aegithalos caudatus* .................. 104
Schwarzspecht *Dryocopus martius* .................. 10
Siebenschläfer *Glis glis* .................. 12, 14, 168
Spechte .................. 10, 12, 69
Spechthöhlen .................. 10, 14

Sperber *Accipiter nisus* .................. 210
Sperlingskauz *Glaucidium passerinum* .................. 134, 138
Sperlingskoloniehaus .................. 36
Spielnest .................. 128
Spinneneiernestwolle .................. 96, 98, 114
Star *Sturnus vulgaris* .................. 26, 30, 130, 131
Starenhöhle .................. 72, 130
Starkästen .................. 130, 208
Steinkauz *Athene noctua* .................. 136
Steinkauzröhre .................. 25, 134, 137
Stockente *Anas platyrhynchos* .................. 142
Störenfriede .................. 200
Sumpfmeise *Parus palustris* .................. 30, 98, 101, 102
Tagpfauenauge *Inachis (Vanessa) io* .................. 12
Tannenmeise *Parus ater* .................. 30, 96, 223
Totengräberkäfer *Necrophorus vespilloides* .................. 225
Trauermantel *Nymphalis (Vanessa) antiopa* .................. 12
Trauerschnäpper (Trauerfliegenschnäpper)
   *Ficedula hypoleuca* .......... 65, 67, 73, 120, 209, 229, 238
Turmfalke *Falco tinnunculus* .................. 50, 51, 132
Turmfalkennisthöhle .................. 51
Übernachtungsnest .................. 128
Uferschwalbe *Riparia riparia* .................. 140
Vogelblutfliege *Protocalliphora* .................. 202
Vogelflöhe *Ceratophyllus gallinae* .................. 202
Vogelfütterung .................. 54, 56
Vogelmilben *Dermanyssus gallinae* .................. 204
Vogelnistkastenausstellung .................. 81
Vollhöhlen .................. 20
Waldbaumläufer *Certhia familaris* ..................
Waldkauz *Strix aluco* .................. 132
Waldmaus *Apodemus sylvaticus* .................. 12, 158, 161
Waldohreule *Asio otus* .................. 132
Wasseramsel *Cinclus cinclus* .................. 153
Wasseramselkästen .................. 153
Wasserfledermaus *Myotis daubentonii* .................. 157
Weichfutter .................. 83
Weidenmeise *Parus montanus* .................. 104, 105, 197
Weißrandfledermaus *Pipistrellus kuhlii* .................. 157
Weißstorch *Ciconia ciconia* .................. 50, 51
Wendehals *Jynx torquilla* .................. 44, 45, 122
Wespen .................. 180, 200
Westliche Hausmaus *Mus domesticus* .................. 158
Wiedehopf *Upupa epops* .................. 16, 142
Wiesel (Großes Wiesel oder
   Hermelin) *Mustela erminea* .................. 12,
Wimperfledermaus *Myotis emarginatus* .................. 157
Winterfütterung .................. 56
Zaunkönig *Troglodytes troglodytes* .................. 128, 152
Zweifarbfledermaus *Vespertilio murinus* .................. 157
Zöpfchenmoos *Hypnum cupressiforme* .................. 96
Zwergwiesel (Mauswiesel) *Mustela nivalis* .................. 210

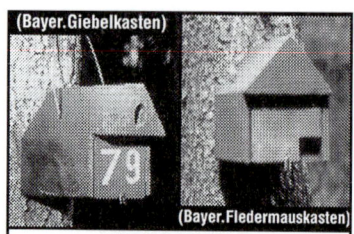

(Bayer. Giebelkasten)
(Bayer. Fledermauskasten)

**Vogelschutz = Biologischer Pflanzenschutz**
aus atmungsaktivem Material hergestellt, daher die bevorzugte Annahme aller höhlenbrütenden Singvögel und der Fledermäuse.

Über 30 Jahre die bewährten Nistkästen in der Forstwirtschaft

*Bitte fordern Sie kostenlos unseren Prospekt an.*

**Wildacker-Sämereien**
zur biologischen Äsungsverbesserung

*Vogelschutzgeräte*

Dipl. Ing. agr. (FH)
**Rudolf Faulstich**

Riedenburger Str. 17
93336 Altmannstein
Tel. 0049 (0)9446 2660 · Fax 27 60
e-mail: rudolf.faulstich@web.de

## Aus unserem Programm

ISBN 978-3-7020-0922-9

ISBN 978-3-7020-1279-3

## Leopold Stocker Verlag
www.stocker-verlag.com

# Aus unserem Programm

ISBN 978-3-7020-0914-4

**Leopold Stocker Verlag**
www.stocker-verlag.com

# Aus unserem Programm

ISBN 978-3-7020-1212-0

# Leopold Stocker Verlag
www.stocker-verlag.com